Gerth Vogel

Krise - da machen wir einfach nicht mit

Gerth Vogel

Krise - da machen wir einfach nicht mit

Was Führung bedeutet

Trainerverlag

Imprint

Cover image: www.ingimage.com

Publisher:
Der Trainerverlag
is a trademark of
International Book Market Service Ltd., member of OmniScriptum Publishing Group
17 Meldrum Street, Beau Bassin 71504, Mauritius
Printed at: see last page
ISBN: 978-620-0-76866-7

Inhaltsverzeichnis

Die vergessene Krise hinter Corona

Corona hat die Welt fest im Griff und nichts ist mehr, wie es vorher war. Die Auswirkungen der Ausbreitung des Virus sind derzeit überhaupt nicht abzuschätzen – das ist allerdings momentan auch nicht wichtig. Ich werde gerade öfter gefragt, wann Corona denn vorbei sein wird und alles wieder zur Normalität zurückkehrt. Meine Antwort: Niemals. Es gibt historische Momente, in denen die Zukunft ihre Richtung ändert. Eine solche Zeit ist jetzt. Die Welt wie wir sie kennen löst sich gerade auf.

Es scheint so, dass sich etwas stemmt und wehrt gegen die Menschen und deren Tun. Wir denken, - und das haben wir ja so gelernt - dass wir alles wissen und können. Das Tempo, das wir uns selbst in den letzten Jahren vorgegeben haben, das war auch nicht mehr zu toppen. Machtgier, Profit, Resultate, Rekorde standen im Vordergrund. Superlative. Umweltkatastrophen haben uns nur so am Rande berührt, Krankheiten waren nicht relevant, die Medizin wusste ja, was man da macht. Jetzt erleben wir etwas, was die ganze Menschheit in einem wohl noch nie da gewesenen Ausmass betrifft. Und wir erkennen auf einmal, dass wir auch in unserer von 'Machbarkeit' getriebenen Zeit doch nicht alles beherrschen können, nicht alles im Griff haben. Angst, Hilflosigkeit und Verzweiflung machen sich breit. Das sind aber sicher keine guten Ratgeber.

Ich bin jetzt seit vielen Jahren Führungskraft in der Industrie und im Top Management Consulting. Deswegen kann ich am besten über das sprechen, was in der Wirtschaft passiert. Und ich kann mich nicht erinnern, dass unsere Wirtschaftswelt schon einmal so in Unordnung war wie im Moment. Ich rede hier ganz bewusst nicht von der Pandemie oder einer Krise, so wie viele derzeit darüber reden – denn das alles ist nicht einfach nur passiert, wie uns viele glauben machen wollen – ich rede hier ganz bewusst von Unordnung.

Wenn man die Gründe analysiert, die zu der heutigen Situation geführt haben, dann sind es in erster Linie unsere Handlungsweisen, die nicht in Ordnung waren und nicht in Ordnung sind. Und für diese Handlungsweisen sind ganz konkrete Menschen und nicht irgendwelche übermächtigen bösen Geister verantwortlich. Lassen Sie mich zunächst mit ein paar Beispielen aus der Wirtschaft erklären, was ich meine. Megacities wie Wuhan und Globalisierung sind nicht einfach so passiert sondern durch unser Handeln entstanden. Dass es Pandemien, Rohstoffkrisen oder Kriege gibt und geben kann ist bekannt. Wir sind nur nicht darauf vorbereitet, genau so wenig wie auf Tschernobyl oder Fukushima.

Für mich ist es nicht in Ordnung, wenn bei Nokia, einem erfolgreichen Unternehmen, Menschen tagtäglich Topleistungen erbringen, für ihr Unternehmen tolle Gewinne erwirtschaften und dann ihren Job verlieren. Ihren Job verlieren, nicht weil sie ihn schlecht machen, sondern weil Analysten und Banken massiv Druck ausüben, den Standort zu verlegen, weil Löhne in anderen Gegenden der Welt niedriger sind und dann die Profite der Aktionäre grösser.

Für mich ist es nicht in Ordnung, wenn die europäische Union aus den Steuern auch dieser Menschen Subventionen gewährt, damit Unternehmen Arbeitsplätze abbauen und dann an anderen Orten wieder aufbauen. Es ist wirklich paradox: die Menschen - Nokia sei nur als ein Beispiel genannt - haben gewissermassen mit der Zahlung ihrer eigenen Steuern dazu beigetragen, dass sie heute keinen Arbeitsplatz mehr haben.

Für mich ist es nicht in Ordnung, wenn die Manager der Unternehmen die Opfer dieser Taten einfach dem Staat vor die Tür werfen und sich selbst aus der moralischen und finanziellen Verantwortung dafür verabschieden können. Für mich ist es auch nicht in Ordnung, wenn die Politik derzeit verstärkt darüber nachdenkt, wie die Finanzmärkte stabilisiert werden können und sich doch eigentlich von diesen vor sich hertreiben lässt. Die Abkehr vom Goldstandard 1973 hin zu Fiatgeld hat Auswüchse ungeahnten Ausmasses hervorgebracht, die sich auch die Erfinder kaum vorstellen konnten. In Anspielung an das Sprichwort «Fiat Lux» aus der lateinischen Bibelübersetzung spielt der Begriff «Fiatgeld» darauf an, dass das Geld durch Machtausübung von Regierungen und Banken gewissermassen «aus dem Nichts entsteht».

Das alles muss getan werden – ohne Frage. Aber es geht um mehr, um viel mehr: die Ursache der derzeitigen Situation ist vor allem ein Verfall der unternehmerischen und politischen Ethik. Sie ist auch Ergebnis einer Politik, die bewusst die extreme Deregulierung, Globalisierung und Liberalisierung der Märkte vorangetrieben hat ohne notwendige soziale und ökologische und ethische Rahmen zu setzen. Das ist das wirkliche Problem. Nein, diese Situation ist in Tat und Wahrheit Ergebnis eines unverantwortlichen Handelns, in dem künstlich geschaffenes Geld auf der Jagd nach maximaler Rendite um die Welt zirkuliert.

Realwirtschaft: noch in den 70er Jahren war der weltweite Kapitalfluss ungefähr genau so gross wie das Bruttosozialprodukt aller Länder. Heute ist er ungefähr fünf Mal so gross: das ist die Spekulationsblase, die durch nichts, durch absolut nichts real gedeckt ist. Das ist nicht in Ordnung.

In Deutschland wird viel und gerne über soziale Marktwirtschaft geredet. Für mich ist es nicht in Ordnung, dass diese zunehmend pervertiert wird, weil wir gar nicht mehr wissen oder wissen wollen, was sie eigentlich ist. Der Kernsatz von Ludwig Erhard war „Wohlstand für alle." Für alle – ohne Ansehen der Person, der Hautfarbe, der Religion, des Geschlechts, der Nationalität, der Herkunft – einfach alle. Alfred Müller-Armack, einer der Väter, hat gesagt „Es bedeutet dies, dass uns die Marktwirtschaft notwendig als das tragende Gerüst der Wirtschaftsordnung erscheint, nur dass dies eben keine sich selbst überlassene liberale Marktwirtschaft, sondern eine bewusst gesteuerte, und zwar sozial gesteuerte Marktwirtschaft sein soll."

Wenn wir dies ernst nehmen ist es auch nicht in Ordnung, dass Menschen von ihrer Hände Arbeit nicht mehr leben können – neudeutsch „Working poor" oder Präkariat genannt. Das sind in Deutschland etwa 11 Millionen Menschen, 600.000 sind es in der Schweiz – mit steigender Tendenz. Und uns wird weisgemacht, dass es völlig normal sei, wenn in einer Gesellschaft so rund ein Drittel der arbeitenden Bevölkerung zu denen gehört, die keine Chance mehr haben. Das ist nicht normal. Diese Marktwirtschaft ist nicht mehr sozial verfasst, sie hat sich vom Sozialen, von der Solidarität, der Nächstenliebe, längst verabschiedet.

Zur Gewährleistung des effizienten Einsatzes von Kapital ist in der sozialen Marktwirtschaft neben dem Recht auf privates Eigentum genauso die Pflicht zur Haftung ein Grundprinzip. Kapitaleigner sollen sich nicht nur die Gewinne aneignen, sondern auch die volle Haftung für getroffene Entscheidungen - auch für Fehlentscheidungen - tragen. Heute wird die Haftung der Manager in den Grossunternehmen durch den Abschluss teurer Versicherungen ausgeschlossen.

Verstehen Sie mich bitte nicht falsch: ich beteilige mich hier nicht an einer populistischen Manager- und Politikerschelte. Ich habe im Gegenteil grössten Respekt vor der Vielzahl verantwortungsbewusster, mutiger Persönlichkeiten, die ihre Unternehmen und Institutionen mit Augenmass und Mut in die Zukunft steuern und die das Rückgrat unserer Gesellschaft sind.

Es ist also überdeutlich: damit Märkte nicht überborden braucht es neue Ordnungssysteme, die Auswüchse begrenzen. Und diese Grenzen müssen Grenzen sein, die das Zusammenleben auf dieser Welt erträglicher machen – soziale und ökologische und moralische Grenzen, die einen Turbokapitalismus mit seinen hässlichen Seiten unmöglich machen. Das ist die Aufgabe der Politik, damit Menschen wieder Vertrauen haben können.

Und es ist nicht in Ordnung, wenn wir selbst nur larmoyant aber vor allem paralysiert und tatenlos zusehen und nichts dafür tun, dass sich dies ändert. Für Walter Laserer, einen der erfolgreichsten Bergführer der Welt und guten Freund, ist der grösste Unterschied zwischen Führen am Berg und Führen von Unternehmen der, dass man sich am Berg nicht verstecken kann.

In meiner ersten Stelle nach dem Studium war das auch noch so: ich konnte mich nicht verstecken. Weil kompetente und ehrbare Kaufleute meine Chefs, Vorbilder gewesen sind, weil sie wussten, was sie taten, Verantwortung übernommen haben, Verantwortung auch für mich, meine Arbeitsergebnisse und meine Entwicklung. Verstecken wir uns nicht – übernehmen wir Verantwortung für uns selbst, für unsere Kunden und für unsere Mitarbeitenden. So entsteht Vertrauen.

Fassen wir zusammen: Unser Wirtschaftssystem steht - und das unabhängig von Corona - vor seiner grössten Sanierung und Bewährung. Das ist die eine Seite. Die logische. Menschen fürchten um ihren Arbeitsplatz, leiden unter Stress, haben Angst. Unternehmer fürchten Auftragsrückgang, Umsatzeinbruch, Finanzierungsengpässe, Konkurse, Druck von Banken, Gewerkschaften und der Öffentlichkeit. Das ist die andere Seite. Die psycho - logische. Diese Herausforderung müssen wir annehmen, ohne Wenn und Aber.

In Krisenzeiten: Im Land des Nicht-Wissens

Wo Furcht, Stress und Existenzangst herrschen fehlt Vertrauen. Oder anders: um diese Lage zu meistern, brauchen wir Vertrauen – in die Zukunft und die handelnden Personen. Dummerweise hat nun aber Vertrauen nichts mit Wissen zu tun – ganz im Gegenteil. Marcus Jauer hat das im FAZ-Feuilleton auf den Punkt gebracht: "Früher ergab sich Vertrauen daraus, dass man es so genau nicht wissen muss. Heute daraus, dass man es so genau nicht weiss. Am Grad es Nichtwissens ändert das nichts."

Ich möchte einmal zu einer Reise in dieses Land des Nichtwissens einladen. Das wird eine Reise zu leiseren, stilleren Regionen: zu den Gefühlen, dem Unbewussten, der kreativen Kraft. Und vielleicht wird dabei klar, dass es für uns, für jeden von uns, möglich ist, sich von diesen Krankheiten rings um uns nicht anstecken zu lassen.

Noch bis in die späten 80er Jahre des letzten Jahrhunderts war das Bild, das sich die Forscher vom Ich machten, ausschliesslich auf die Ratio reduziert. Die meisten Wissenschaftler hielten unser Gehirn für so etwas wie einen Computer, redeten von Festplatte, von Hard- und Software. Dem ist nicht so. Die Schwäche der Ratio, auf die wir ja so stolz sind, liegt in ihrer begrenzten Kapazität. Der bewusste Verstand kann nur eine äusserst geringe Informationsmenge verarbeiten – sobald diese kritische Grenze überschritten wird, ist er überfordert.

Tor Nørretranders, der dänische Wissenschaftsautor, hat zum ersten Mal die Kapazität unseres Gehirns in Bits dargestellt. Die Zahlen, die dabei herauskamen, sind – obwohl sehr vorsichtig geschätzt - astronomisch. So schicken unsere Augen pro Sekunde ungefähr zehn Millionen Bits an das Gehirn, die Haut etwa eine Million, der Geruchssinn 100.000 und der Geschmackssinn nochmals 1.000 – mehr als elf Millionen Bits, die Sekunde für Sekunde in unserem Gehirn eintreffen.

Und nur ein Bruchteil dieser Informationen schafft es bis in unser Bewusstsein – in den Bereich unseres „Wissens." Mit anderen Worten: wir erleben bewusst nur einen winzigen Ausschnitt der Informationen, die unser Gehirn verarbeitet. Aber auch die anderen Informationen sind gespeichert. Wenn wir Glück haben, kommen sie irgendwie und irgendwann an die Oberfläche, manchmal sogar genau dann, wenn sie wir gerade brauchen können.

Der Arbeitsspeicher unseres bewussten Verstands erweist sich als überraschend klein: beim Lesen verarbeiten wir nicht mehr als 45 Bits pro Sekunde, beim Rechnen sinkt die Zahl auf 12 Bits. Maximal bewältigt unser bewusster Verstand nur 50 Bits pro Sekunde. Das ist seine Achillesferse, insbesondere wenn es, wie in unserer derzeitigen Lage, wichtig ist, grosse Mengen an unterschiedlichen Informationen aufgrund der Komplexität, der Neuartigkeit der Probleme und der sich permanent ändernden Erkenntnisse zu verarbeiten.

Selbstverständlich hat unser bewusster Verstand auch seine Vorzüge. Der wichtigste ist seine Präzision. Er ähnelt einem Spot, der einen Punkt im Raum klar ausleuchten kann. Jedes Detail davon wird erkennbar. Aber der Rest bleibt im Dunkeln. Unser bewusstes Denken ist also extrem fokussiert, verliert aber dadurch schnell das Ganze aus dem Auge. Dabei macht unser bewusster Verstand noch einen Fehler: er geht wie selbstverständlich davon aus, dass das, was er ausleuchtet, alles ist, was es gibt.

Deswegen reagiert er bei aussergewöhnlichen Situationen zuweilen panisch: er sieht unüberwindliche Hindernisse auf dem Weg zum Erreichen wichtiger Ziele oder bei der Bewältigung von Problemen und weiss, dass er diese nicht mit seinen üblichen und vertrauten Methoden lösen kann.

Die Folge ist eine plötzliche oder fortschreitende Verengung der Wahrnehmung, der Wertesysteme, eine Lähmung der Handlungs- und Problemlösungsfähigkeit oder aggressives Verhalten. Es ist ein uraltes, über Generationen vererbtes genetisches Muster: wenn wir uns bedroht fühlen, stellen wir uns entweder tot oder greifen gedankenlos an.

Wenn wir also komplexe, neuartige Probleme wirklich lösen wollen, müssen wir auch auf die Fähigkeiten unseres Unbewussten, unserer rechten Hirnhälfte, zurückgreifen. Lassen Sie uns einmal ein kleines Experiment machen: Welche Buchstaben-kombination gefällt Ihnen besser: DK oder JN? Und versuchen Sie jetzt nicht, das logisch zu begründen sondern geben Sie einfach Ihrem ersten Impuls nach.

Wahrscheinlich denken Sie jetzt „Was für eine saublöde Frage!“ Und doch haben Sie eine Antwort ... unbewusst. Wem gefällt denn DK besser? Lassen Sie mich mal raten: Könnte es sein, dass Sie oft am Computer sind und ziemlich gut tippen?

Wem sind DK und JN gleich lieb? Dann würde ich darauf wetten, dass Sie nicht viel Zeit an einem Computer verbringen.

Sian Beilock von der University of Chikago hat herausgefunden, dass Menschen, die oft am Computer tippen, DK bevorzugen. Alle anderen sind da eher leidenschaftslos. Aber warum? D und K tippen wir mit verschiedenen Fingern, und damit werden beide Hemisphären unseres Gehirns aktiviert. J und N liegen so nah beieinander, dass wir sie mit demselben Finger tippen. Damit wird nur eine Hirnhälfte aktiviert. Deswegen mögen fleissige Tipper DK vermutlich mehr als JN.

Wir wissen also viel mehr, als uns unsere linke Hirnhälfte weismachen will. Auch da, wo wir es nicht erwarten, kommen Informationen des Körpers und Gefühle ins Spiel: unser Urteil über DK und JN ist ja kein bewusstes, logisches Urteil sondern eher eine körperliche Erfahrung. Es liegt also buchstäblich an unserem 'Fingerspitzengefühl', wenn uns DK besser gefällt als JN.

Also: Wer denken will, der muss auch fühlen! Wir brauchen für gute Entscheidungen in schwierigen, komplexen Situationen beides: linke und rechte Hirnhälfte, bewussten Verstand und die unbewusste Intuition. Mit der linken gehen wir – bedingt durch unsere Ausbildung – ziemlich souverän um. Was wir wieder lernen müssen, ist das Arbeiten mit der rechten Hirnhälfte: dass unser Bauch unserem Kopf beim Denken helfen kann.

In Krisenzeiten: Anpassungsfähigkeit als Überlebensimpuls

Wie jedes Jahr habe ich Mitte des Jahres wieder einmal 485 Unternehmer befragt, was sie als aktuell grösste Herausforderungen sehen. Das Überraschende: wann immer wir in den letzten 30 Jahren Unternehmer befragt haben – die gleichen Antworten waren fast immer dabei, egal wie die wirtschaftliche Situation war. Aber was war der gemeinsame Nenner dieser Antworten? Es war die Fähigkeit zur Anpassung an veränderte Bedingungen. Diese Fähigkeit ist tief in uns als Überlebensinstinkt vererbt. Gestern wie heute ist also gerade diese Anpassungsfähigkeit der zentrale Erfolgsfaktor.

Wenn nun die Anpassungsfähigkeit an veränderte Bedingungen so wichtig ist, können wir vielleicht von grossen Persönlichkeiten aus Wirtschaft und Gesellschaft lernen, wie sie dramatische oder herausfordernde Situationen gemeistert haben.

Wir haben das einmal untersucht. Am Ende waren es dann nur drei Punkte, auf die sich erfolgreiche Anpassung immer wieder zurückführen liess – aber auch drei Punkte, die es in sich haben. Und diese drei Punkte haben wieder viel mit beiden Hemisphären unseres Gehirns zu tun.

Erstens: eine starke Vision. Oft hat diese den entscheidenden Durchbruch bewirkt. Und diese Visionen sind nie aus logischem Denken entstanden; ihre Substanz fand sich in Bildern, Gefühlen oder Überzeugungen, in der rechten Hirnhälfte. Nur was wir uns in der virtuellen Welt unserer Gedanken vorstellen können, können wir in der realen Welt auch materialisieren. Bevor jemand einen Stuhl gebaut hat, hat ihn jemand gedacht.

Drei Beispiele dazu: Roland Hartung, der frühere Vorstandschef der Mannheimer MVV Energie AG, war absolut davon überzeugt, dass es möglich ist, eine verstaubte, verbeamtete Organisation wie ein Stadtwerk zum Nutzen der Mitarbeiter, der Kunden und der Stadt erfolgreich an die Börse zu bringen. Er hat es geschafft.

Wolfgang Grupp wollte in dem verschlafenen Ort Gottmadingen zu einem führenden Hersteller von Tennisbekleidung und T-Shirts werden. Und er wollte ausschliesslich in Deutschland produzieren. Seit über 50 Jahren gibt es bei TRIGEMA weder Kurzarbeit noch Entlassungen wegen Arbeitsmangel.

Akio Morita hatte die Idee eines Tonbandgerätes, das nur spielt und nichts aufnimmt. Keiner seiner Ingenieure hat geglaubt, dass irgendjemand auf der Welt bereit wäre, ein solches Produkt zu kaufen und dass es als Walkman einen beispiellosen Siegeszug um die Welt antreten würde.

Allen dreien ist gemeinsam, dass sie ihre Vorstellung mit aller Leidenschaft, mit allen Fasern ihres Herzens wollten. Sie hatten nie Zweifel an der Realisierbarkeit ihrer Vorstellungen. Und wenn ihnen dann doch Bedenken kamen, wenn der 'Controller' in ihrer linken Hirnhälfte rebellierte, dann haben sie ihn verscheucht oder zum Kaffeetrinken geschickt.

Zweitens: konsequente und schnelle Umsetzung. Viele Unternehmer und Politiker haben uns gesagt, dass es für eine erfolgreiche Umsetzung meist nur ein sehr enges Zeitfenster gibt. Daher ist es wichtig, das, was man wirklich will, ohne Abstriche, ohne Kompromisse schnell zu realisieren.

Jim Sirbasku und Bud Haney hatten eines der erfolgreichsten Trainingsinstitute. Bei ihren Überlegungen, wie sie noch besser sein könnten, ist als Abfallprodukt die Idee von Online-Assessment-Tools entstanden. Die Realisierung überschritt ihre Möglichkeiten bei weitem. Kurz entschlossen verkauften sie ihr Trainingsinstitut und setzten alles auf eine Karte: die Realisierung ihrer neuen unternehmerischen Idee.

Helmut Schmidt koordinierte als Hamburger Polizeisenator die Rettungsmassnahmen bei der Hamburger Sturmflut von 1962. Für ihn war klar: er musste seine Stadt retten. Er übernahm persönlich die Verantwortung für die Rettungsmassnahmen und forderte unverzüglich, obwohl weder verfassungsrechtlich noch militärisch dazu befugt, NATO-Streitkräfte, Pioniertruppen mit Sturmbooten sowie Hubschrauber der Bundeswehr und der Royal Air Force an. Ohne den beherzten Einsatz von Helmut Schmidt wären nach Einschätzung aller Experten Tausende von Opfern zu beklagen gewesen und grosse Teile Hamburgs zerstört worden.

Bei der Umsetzung des als richtig Erkannten sind ganz klar die herausragenden Fähigkeiten der linken Hirnhälfte, nüchternes, logisches und kompromissloses Überlegen und klare Arbeitsstrukturen im Handeln, gefordert. Hier geht es um Projektmanagement-Fähigkeiten im besten Sinne.

Drittens: Begeisterung oder Schmerz erzeugen. Nur wenn Begeisterung oder Schmerz erzeugt wird, ändert sich wirklich etwas grundsätzlich. Und das ist die vornehmste und ureigenste Aufgabe einer Führungskraft.

Bei Würth Deutschland stagnierten die Umsätze – eine Katastrophe im Weltbild von Prof. Würth. Er verfasste an alle 2.500 Aussendienstmitarbeiter einen hoch emotionalen Brief. Der gipfelte in den Worten, dass er es leid sei, wenn sich seine Leute aufführen würden wie die Millionarios beim FC Bayern München. Nach acht Wochen war das Unternehmen wieder auf seinem gewohnten Wachstumskurs – Reinhold Würth war es gelungen, mit „nur" einem Brief seinen Leuten ein schlechtes Gewissen einzuimpfen, bei ihnen Schmerz und Bewusstsein zu erzeugen und sie so zu Höchstleistungen anzuspornen.

Willy Brandt war erfolgreich mit dem Motto „mehr Demokratie wagen." Dieser empathische Slogan ist in seiner Durchschlagskraft heute kaum mehr vorstellbar. Damit löste er die innere Zerrissenheit im Nachkriegsdeutschland und begeisterte Menschen aller politischen Lager. Obwohl die SPD lange Zeit weit hinter der Union lag, erreichten am Wahltag SPD und FDP zusammen einen Vorsprung von zwölf Mandaten.

Sicher ist dieses Erzeugen von Begeisterung oder Schmerz der schwierigste der drei genannten Punkte: es braucht einerseits eine klare, logische Botschaft für die linke Hirnhälfte und andererseits noch eine starke emotionale für die rechte. Und dann muss auch noch der Vermittler dieser Botschaft absolut glaubwürdig, ja integer sein. Nur so entsteht dann auch Vertrauen, Vertrauen auf eine bessere Zukunft, das die Energie der Menschen entfesselt und konsequentes Handeln provoziert.

In Krisenzeiten: Führung zur Zukunftssicherung

Das Thema Führung hat mein ganzes berufliches Leben begleitet. Und immer, wenn ich sicher war, jetzt zu wissen worum es dabei geht und eine Lösung gefunden hatte kam die nächste Herausforderung und bedurfte einer neuen Lösung. Und zwischenzeitlich habe ich die Hoffnung aufgegeben, dass es gelingt, ein Ideal zu finden: ich weiss, das wird nie zu Ende sein.

Und dann gibt es noch etwas ganz Vertracktes: für die Lösung der Führungsprobleme waren Kompetenzen gefragt, die ich nicht methodisch gelernt hatte: nämlich klar, in aller Deutlichkeit und gleichzeitig respektvoll und wertschätzend mit den Menschen umzugehen. Und das übe ich heute immer noch. Und diese Kompetenz gibt es auch nicht wissenschaftlich oder empirisch abgesichert: die grösste Erfahrung mit derartigen Fragen hatten Leute, die in Familiensystemen therapeutisch arbeiteten. Und schliesslich sind Firmen ja keine Familien! Und dann gibt es andererseits den Irrtum der Therapeuten, dass man von den Inhalten der Systeme nichts verstehen müsse - weil ja jeder Therapeut über seine eigene Lebenserfahrung genügend die Inhalte von Familienthemen kennt. Und so musste ich lernen, eine Führungskompetenz für mich als Person aufzubauen und sie mit der Kompetenz für die betriebswirtschaftlichen, technischen, kommerziellen und sozialen Inhalte zu verbinden und gleichzeitig dieses Inhaltswissen und auch das Prozesswissen immer weiter zu entwickeln.

Und ich musste lernen, wie schwierig es ist, Menschen mit unterschiedlichem Knowhow und unterschiedlichen Erfahrungshintergründen zu einer perfekten Zusammenarbeit zur Lösung von Kundenproblemen zusammen zu bringen. Und ich musste lernen, dass ich mich bei aller Wertschätzung auch von Mitarbeitenden und Kollegen trennen musste, die diese Kooperation nicht lernen wollten.

Ich selbst habe Betriebswirtschaftslehre und Psychologie in München und in den Vereinigten Staaten studiert und anschliessend zehn Jahre Führungserfahrung in der Industrie und im Dienstleistungsbereich gewonnen, zuletzt im Vorstand eines internationalen Konzerns. Seit 1980 bin ich als Berater für erfolgreiche Unternehmen und Organisationen tätig und habe den Beraterberuf von der Pike auf gelernt. Und ich bin Berater aus Leidenschaft geworden.

Ich habe nicht die Absicht, hier eine wissenschaftliche Arbeit zu verfassen und schon gar nicht, Ihnen als Leser irgendwelche genialen Patentrezepte anzubieten. Ich möchte nur erzählen, welche Wege ich zusammen mit unseren Kunden gegangen bin, was wir dabei erlebt und gelernt haben, welche Erfahrungen wir dabei gemacht haben und was wir heute zu wissen glauben.

Aber Sie können sicher sein: alles, was ich erzähle, hat in meinem Verständnis mit Führung zu tun, mit der Fähigkeit, erfolgreiche Unternehmen zu formen und die Mitarbeitenden, Kunden und Geschäftspartner mitzunehmen auf diesem Weg.

Veränderung. Nur die handelnden Menschen alleine, nur sie allein haben es in der Hand, Einfluss darauf zu nehmen, wie erfolgreich diese Veränderung wird. Deshalb und nur deshalb stehen die Menschen im Zentrum von Veränderungsprozessen. Darauf möchte ich später noch einmal ausführlicher zurückkommen.

Management. "Management is the art to achieve desired results through people." Art, Kunst? Management ist eine Fähigkeit, eine lehr- und lernbare Fähigkeit. Keiner von uns ist als Manager auf die Welt gekommen. Wir haben im Laufe unseres Lebens mehr oder weniger gut gelernt zu führen; und wenn wir es bisher noch nicht gelernt haben, so können wir es doch lernen - wenn wir es lernen wollen. Eine erlernbare Fähigkeit. Jim Sirbasku hat es einmal so formuliert: ‚Leadership is not bought, born or delegated. You learn to be a leader. It is earned'.

Desired, gewünscht? Tennessee Williams hat ein Buch geschrieben - a streetcar named desire - als Endstation Sehnsucht in Deutsche übersetzt. Karl Kraus hat darüber die kürzeste Kritik seines Lebens geschrieben. Sie hiess: „Der Trieb-Wagen". Da knistert es, da sind starke Emotionen, da ist Leidenschaft drin. Leidenschaftlich ersehnte Ergebnisse also.

Führung ist eine erlernbare Fähigkeit, leidenschaftlich ersehnte Ergebnisse mit und durch Menschen zu erreichen. Mit Menschen, die im Zentrum stehen. Ich glaube, so können wir es jetzt stehen lassen.

Prozesse. Die betriebswirtschaftliche Theorie des Planned Organizational Change beschreibt Prozesse als Ablauf der Phase des Unfreezing über das Moving hin zum Refreezing organisatorischer Gestaltungen. Das hat mich bereits in meiner Münchner Studentenzeit genervt. Warum um alles in der Welt soll ich, wenn endlich Verkrustungen aufgebrochen sind, wenn die Dinge aufgetaut sind und es gelungen ist, sie in Bewegung, in Fluss zu bringen, warum um alles in der Welt soll ich sie dann wieder einfrieren!

Veränderung - Management - Prozesse. Der Mensch im Mittelpunkt. Das ist der Kontext, indem Führung in Unternehmen und Organisationen stattfinden muss, um Erfolg zu haben.

Dazu möchte ich Sie einladen, ein Modell mit mir anzuschauen, das erklärt, wie Unternehmen und Organisationen funktionieren. Lorenz Forchhammer und Walter Straub vom Comteam in Gmund haben es entwickelt und gemeinsam mit Uwe Benecke, Bernhard Pelzer und mir immer wieder verändert, mit den Erfahrungen unserer Kunden abgeglichen und an deren Erfordernisse angepasst.

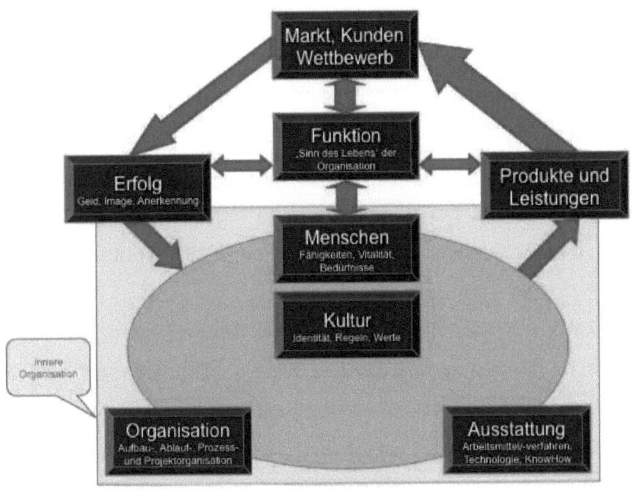

Abb. Strategiemodell

Menschen entwickeln und produzieren mit ihren Fähigkeiten und ihrer Lebendigkeit und ihren Bedürfnissen mit bestimmten Technologien, Arbeitsmitteln und Arbeitsverfahren mit einer bestimmten Aufbau- und Ablauforganisation, mit Regeln, Vereinbarungen und Verträgen in einer bestimmten Kultur Produkte und Dienstleistungen. Diese werden am Markt an Kunden verkauft. Und der Markt belohnt dieses mit Erfolg - Geld, Image, Anerkennung - oder bestraft es mit Misserfolg. Und dieser Erfolg oder Misserfolg fliesst dann zurück an die Mitarbeiter und Eigentümer dieses Unternehmens. Dieses System wird beeinflusst von gesellschaftlichen Werten und Normen, von Politik und Gesetzgebung, von ökologischen Anforderungen und von technologischen und gesellschaftlichen Trends. Und langsam wird mit der Zeit klar, was die Funktion dieses Unternehmens ist, was sein "Sinn des Lebens" ist, was mit diesem Unternehmen erreicht und bewirkt werden soll - für die Kunden, die Mitarbeiter, die Eigentümer und die Geschäftspartner.

Ich stelle dieses Modell vor, weil daran zwei Grundtypen von Veränderungsprozessen deutlich werden und weil es aus meiner Erfahrung wichtig ist, klar zu haben, was ich für einen Prozess gestalte. Strategieprozesse sind dann einzuleiten, wenn sich der Markt und/oder das Umfeld einer Organisation stark verändert haben oder sich verändern werden. So wie gerade jetzt. Danach, und erst danach geht es dann um eine umfassende Neuausrichtung und Neugestaltung des gesamten Unternehmens mit allen Funktionen, Produkten und internen Geschäftsprozessen.

Reorganisationsprozesse sind dann sinnvoll, wenn die Markt- und Umfeldverhältnisse stabil sind oder bereits Antworten auf ihre Veränderung gefunden sind. Reorganisationsprozesse stellen die Produkt- und Dienstleistungspalette sowie die Geschäftsprozesse, wie sie entwickelt, hergestellt und verkauft werden, in Frage. Es geht hier im Schwerpunkt um die Reorganisation von Aufgaben und Abläufen, die Klärung von Kompetenzen, die Vermeidung von Verschwendung in den Geschäftsprozessen und die Verbesserung des kreativen und unternehmerischen Potentials.

Ich sage das, weil ich immer wieder erlebt habe, dass reorganisiert wird, ohne dass die strategische Orientierung ausreichend klar ist. Dann verkommen notwendige Reorganisationsprozesse zur schlichten Kopfjagd. Und die Initiatoren dieser Prozesse halten selbstverständlich auch weiter die Fensterreden, dass der Mensch im Mittelpunkt steht...

"Köpfe abschlagen ist nicht sehr klug.
Die Stecknadel, der man den Kopf abschlug
fand, Köpfe seien völlig entbehrlich -
und war nun vorn und hinten gefährlich."
(Erich Kästner)

Ich habe es schon einmal erwähnt: eines kommt hier noch hinzu und auch das gehört zum Menschen: Menschen sind zu einer markanten Veränderung nicht fähig, wenn sie sich in der Situation, in der sie sich befinden, wohl fühlen und es ihnen damit gut geht. Und das gilt für alle Menschen, wenn sie nicht gerade psychisch krank sind, für mich genauso wie für Sie, für alle Menschen. Das ist ein sehr stabiles Gleichgewicht, das Gleichgewicht des Wohlfühlens. Auch in diesem Gleichgewicht gibt es Rosinen und Steine: aber ich kenne die Rosinen, die ich geniessen kann ebenso wie die Steine, die ich fressen muss. Damit habe ich mich arrangiert, damit geht´s mir gut.

Nur aus einer Sehnsucht und Leidenschaft für eine bessere Zukunft und aus Leid und Schmerz über die Verschlechterung dieses Wohlfühl-Gleichgewichts heraus sind Menschen zu einer Veränderung überhaupt fähig. Und ich habe keine Veränderung eines Unternehmens erlebt, in der allein die Sehnsucht und die Leidenschaft oder allein Leid und Schmerz für eine wirkliche Veränderung ausgereicht hätten. Wobei wir am Anfang unserer Arbeit in solchen Prozessen dem Phänomen Leid und Schmerz auch zu wenig oder gar keine Bedeutung beigemessen hatten. Nein, beides muss offensichtlich zusammenkommen, dass Veränderung stattfinden kann. Sehnsucht und Leidenschaft, Leid und Schmerz sind die Voraussetzungen, dass Menschen überhaupt die Kraft finden, neu zu denken und neu zu handeln. Und wer aus einem anderen Anlass, aus rein intellektueller Spielerei, eine Neugestaltung versucht, dem garantiere ich, dass er später scheitern wird. Denn wenn es in der Umsetzung hart auf hart kommt, dann wird auch der Konstrukteur dieser Illusion wieder intellektuelle Mittel und Auswege finden, um nicht in aller Konsequenz zu der Veränderung und ihren Folgen stehen zu müssen.

Sehnsucht und Leidenschaft, Leid und Schmerz, das sind die Voraussetzungen. Das heisst nun aber nicht, dass wir immer warten müssen bis die Katastrophe hereinbricht vor wir etwas tun. Denn wenn wir solange warten oder Ereignisse über uns hereinbrechen, haben wir meistens auch gar keine Handlungszeit mehr, abgesehen davon, dass eine solche Konstellation auch noch die Wahrscheinlichkeit eines Lotteriehauptgewinns hat. Nein, nein, es gehört zu den wichtigsten Pflichten der Führung eines Unternehmens und seiner internen und externen Berater, vorauseilend, mit aller Sensibilität, die Sehnsucht und die Leidenschaft für eine bessere Zukunft und das Leid und den Schmerz zu erleben bzw. erlebbar zu machen. Konkret zu erleben, erlebbar machen, was denn eintreten würde, wenn denn der eingeschlagene Weg so weiter würde verfolgt werden. Aus dieser Situation heraus wird es erst möglich, Energie für ein Handeln zu entwickeln, das hin zu einer wirklichen Veränderung führt. Konkret zu erleben oder erlebbar zu machen in allen Phasen eines Veränderungsprozesses - nicht einmal, sondern immer und immer wieder. Immer und immer wieder Sehnsucht und Leidenschaft für das Bessere entwickeln und Leid und Schmerz dafür erzeugen, wenn dies nicht geschieht.

Was heisst das jetzt konkret? Ich kann Ihnen hier keine allgemein gültigen Antworten geben. Und ich habe mir lange überlegt, was ich Lesern mit viel Wissen über Betriebswirtschaft, Unternehmensführung, Strategie - was ich einem solchen Kreis noch vermitteln kann und wie ich das tue. Ich habe mich dazu entschlossen, klar zu sagen, dass es kein Patentrezept dafür gibt was in Krisen betriebswirtschaftlich, organisatorisch, strategiegerecht, marktgerecht in Unternehmen und Organisationen passieren muss. Nein, ich möchte Ihnen in einer losen Abfolge von Geschichten etwas davon erzählen, was unsere Klienten und ich gemacht haben, wo wir wissen, dass es dort und manchmal auch anderswo funktioniert hat und in reproduzierbarer Qualität funktioniert, auch wenn ich Ihnen nicht immer sagen kann, warum es funktioniert. Und ich möchte Sie einladen die Geschichten zu lesen, nicht Wort für Wort, sondern den Sinn zu spüren und die Haltung, die dahintersteckt.

Mettler Toledo ist der weltweit grösste Hersteller von Waagen und Wiegesystemen. Im Rahmen eines Strategieprozesses kam die Frage auf den Tisch "Was ist denn der Sinn unseres Unternehmens?" Und zu unserer Überraschung fanden die Geschäftsführer und Führungskräfte auf diese Frage eine ganze Reihe unterschiedlicher Antworten. Eine Antwort war nicht dabei. Nämlich die Antwort, Geld zu verdienen, oder eleganter formuliert, wirtschaftlichen Erfolg zu haben und diesen Erfolg auch für das Morgen sicherzustellen. Diese Antwort war nicht dabei. Nicht, dass das die Führungskräfte und Geschäftsführer nicht wussten. Nur: nachdem wir nachgefragt hatten, wurde so langsam klar, dass man das Thema Gewinn als Sinn des Wirtschaftens etwas verschämt verschwieg. Deswegen hat aber 1856 ein Mann namens August Sauter dieses Unternehmen gegründet, um für sich und seine Familie eine Grundlage zu schaffen. Das war der Gründersinn des Unternehmens, und das ist er noch heute.

Für mich war das ein Signal. Und ich habe dieses Phänomen immer und immer wieder, in Firmen aller Rechtsformen, Branchen und Betriebsgrössen erlebt: Gewinn ist oftmals ein Tabu-Thema, das gerne entweder glorifiziert oder verschwiegen wird. Aber wenn das Erzielen von Gewinn ein wesentlicher Sinn-Bestandteil eines Unternehmens ist, dann ist ja gerade dies ein Auftrag an alle: an die Führung und an jeden einzelnen Mitarbeiter der Organisation. Aber wie sollen sich Mitarbeiter an diesem Sinn orientieren, wenn dieser schamhaft verschwiegen wird? Bei Mettler Toledo weiss das heute jeder. Heute weiss jeder, der einen Anstellungsvertrag hat, dass er sich damit zu diesem Auftrag bekennt, dem Auftrag, Gewinn für den Eigentümer zu erzielen.

Die Saurer-Gruppe ist Weltmarktführer bei Rotor-Spinnmaschinen und Spulmaschinen. Das Unternehmen befand sich in einer schwierigen wirtschaftlichen

Lage. Wir hatten die Aufgabe, eine Sollkosten-Struktur zu definieren, die das Überleben sichert. Interessanterweise haben wir herausgefunden, dass wir am Ende nur drei Zahlen brauchten: drei Zahlen, die auch so simpel und einfach sind, dass sie in Kopf und Herz eines jeden Mitarbeiters eingehen können.

Die erste Zahl fanden wir als Antwort auf die Frage: Was für ein Unternehmen sind wir eigentlich? Sind wir ein 500-Millionen-Unternehmen oder ein Eine-Milliarde-Unternehmen oder ein Zwei-Milliarden-Unternehmen? Diese Frage war in zwei Richtungen bedeutsam: um die Erlöse klar zu prognostizieren, aber auch, um später die Strukturen zu bestimmen, denn die Struktur eines 500-Millionen-Unternehmens und eines Zwei-Milliarden-Unternehmens ist nun einmal nicht identisch. Und wir haben bei anderen Unternehmen herausgefunden, dass es ganz entscheidend ist, woher das Unternehmen kommt: bei schnellwachsenden Unternehmen sind die Strukturkosten deutlich niedriger als bei schrumpfenden: bei vergleichbarer Grösse und Produktpalette, wohlgemerkt. Deshalb ist diese Zahl heute für mich so entscheidend geworden.

Die zweite Zahl fanden wir als Antwort auf die Frage: Und wieviel an Kosten können wir uns denn bei diesem Standard-Umsatz erlauben? Diese Frage führte zu vielen und kontroversen Diskussionen. Beendet wurden diese Diskussionen nach vielen Schleifen und frustrierenden Versuchen dadurch, dass diese Frage durch die Frage ersetzt wurde: "Wie hoch muss denn der operative Mindestgewinn sein? Wie hoch muss er denn sein, damit wir die Kapitalrendite erzielen, die der Eigentümer erwartet. Wie hoch muss er denn sein, damit ich meine Investitionen selber finanzieren kann und wie hoch muss er sein, damit wir auf eine angemessene Eigenkapitalquote kommen? Und wie hoch muss er sein, damit ich eine allfällige Krisensituation liquiditätsmässig überleben kann? Und damit ich eine genügend hohe Elastizität besitze gegenüber Preis- und/oder Mengenverfall auf dem Weltmarkt?" Und in dieser extremen Situation erlebten wir, dass man anders denken muss als man üblicherweise denkt: Normalerweise ist der Gewinn die mehr oder weniger zufällige Differenz zwischen Umsatz und Aufwand. Und genau das war nicht mehr zulässig: wir mussten die Gleichung umstellen: Umsatz minus mindestnotwendiger operativer Gewinn ergibt den maximal zulässigen Aufwand.

Und von da an habe ich häufig erlebt, welch unterschiedlichen Antworten ich bekomme wenn ich die Frage stelle: "was brauche ich, um meine Aufgaben zu erfüllen?" oder wenn ich die Frage stelle: "was kann ich mir leisten, um diese Aufgabe zu erfüllen?" Ja, da bekomme ich sehr unterschiedliche Antworten.

Und dass erst durch Schmerz, den deutlichen Schmerz, so die Ziele nicht mehr zu erreichen, sich die Haltungen veränderten. Und wieviel Energie ein System darauf verwenden kann, sich dieser existentiellen Frage nicht zu stellen. Ja, meistens glauben wir, uns sehr viel mehr leisten zu dürfen als wir uns leisten dürfen. Und merkwürdigerweise verhalten wir uns im privaten Bereich ganz anders: da leisten wir uns normalerweise nur das, was wir uns leisten dürfen. Da wissen wir, wie knapp oder wie gefüllt die Haushaltskasse ist. Wenn wir aber in den Unternehmen keine Transparenz darüber schaffen, wie viel oder wie wenig Geld in der Haushaltskasse ist, woran sollen sich dann die Mitarbeiter und die Führungskräfte orientieren...

Die dritte Zahl ergab sich als Antwort auf die Frage: Was passiert denn in unserem Geschäft im Falle einer Rezession? Welchen Preis- oder Mengenverlust werde ich in einer Rezession schlimmstenfalls erleiden? Wie gross muss folglich meine Umsatzeleastizität sein, damit ich nicht in die Verlustzone gerate? Die Frage nach der Gewinnschwelle des Unternehmens, nach dem Break-even-Punkt. Und wie bei Saurer mussten wir bei vielen anderen, wohlgemerkt guten und bedeutenden Unternehmen erleben, dass der konkrete Break-even-Punkt viel zu dicht am realen Umsatz lag. Und obwohl das die Controller und die Unternehmensleitungen wussten, wurde mit diesem Wissen nicht vorausschauend Leid und Schmerz erzeugt, aus der Angst heraus, dass der Überbringer der schlechten Nachricht aufgehängt wird.

Wir haben dann bei der Unternehmensleitung gemeinsam mit den Controllern Leid und Schmerz erzeugt und erhielten den Auftrag, den Break-even-Punkt richtig einzustellen, die Relation der Fixkosten zu den variablen Kosten unter dem Gesichtspunkt der Überlebensfähigkeit des Unternehmens strategisch richtig einzustellen und fixe Kosten zu variablen Kosten zu wandeln, und zwar in einem vorher nicht vorstellbaren Umfang. Der Weg dazu bei Saurer war die Verringerung der Fertigungstiefe. Sie wurde solange reduziert durch Verlagerung und Auslagerung, bis der Break-even-Punkt stimmig war. Saurer hat heute keine Teilefertigung mehr, sondern nur noch den

Montageprozess der Baugruppen und Maschinen. Und die Sehnsucht und Leidenschaft, ein solches Modell zu entwickeln und durchzusetzen, konnte erst entstehen durch das Begreifen, welches Leid und welchen Schmerz das Weitergehen des bisherigen Weges erzeugt hätte: den Weg in den wirtschaftlichen Ruin. Heute wird diese betriebswirtschaftliche Binsenweisheit unter dem Schlagwort "Outsourcing" als Patentrezept verkauft, ohne dass erklärt wird, welcher Wirkungsmechanismus diesbezüglich besteht und es wird dann auch "outgesourct" - koste es was es wolle - auch wenn es diese Wirkung nicht gibt und die entsprechenden Fixkosten nicht angepasst werden.

Das konsequente Auseinandersetzen mit diesen drei Zahlen - was für ein Unternehmen bin ich? - wie hoch muss dann der mindestens zu erwirtschaftende operative Gewinn sein? - und wo muss der Break-even-Punkt liegen? - ist ebenso wie das konsequente Herstellen einer Öffentlichkeit im Unternehmen, einer Öffentlichkeit zu dieser wichtigsten Diskussion - nach meinem heutigen Verständnis das kleine Einmaleins der Führung eines Unternehmens. Und wenn dieses kleine Einmaleins im Unternehmen nicht gelehrt und gelernt wird, dann helfen auch die höheren Differentialgleichungen der Betriebswirtschaftslehre nichts mehr: dann ist die Unternehmensentwicklung auf Sand gebaut. Konzentration auf diese wenigen, einfachen Grundlagen des Management ist für den Erfolg von Unternehmen wichtiger als alles andere.

Die Frage, ob wir als Unternehmen wirtschaftlich erfolgreich sind, das entscheidet sich ausschliesslich auf dem Markt. Damit ist er der einzige Indikator dafür, ob das, was wir als Unternehmen tun, wirtschaftlich richtig oder falsch ist. Der Markt belohnt und bestraft uns, er alleine entscheidet und nur seine Kriterien sind gültig und sonst keine. Und wir alle haben so viele andere Kriterien - sie sind leider nur nicht relevant.

VDO hatte als technikergeführtes Unternehmen einen hohen Respekt vor dem Mysterium der Buchhaltung. Und so konnte sich dort eine Buchhaltung und Personalabrechnung entwickeln, die von ihrem Komfort und von ihrer Leistungsfähigkeit alle Automobilzulieferer in Deutschland um Längen geschlagen hat. Dazu hatten sie auch noch die beste und komfortabelste Rechtsabteilung. Leider war das nicht relevant: deswegen haben sie keinen Tachometer, keinen Citypiloten, keine Benzineinspritzung und kein elektronisches Motormanagement mehr verkauft. Nein, im Gegenteil. Nicht zuletzt aufgrund dieses Komforts waren sie in ihren Herstellkosten zu teuer und bekamen Absatzprobleme. Perfektion, die niemand nützt, ausser der Funktion selbst, Perfektion, die zum Selbstzweck wird, wird vom Markt hart bestraft.

Und wir müssen erleben, dass dieser Markt seinerseits aus unserer Sicht oft irrational und verrückt ist, unseren Vernunftargumenten, unserer Logik nicht zugänglich, immer turbulenter wird, immer dynamischer, immer fragmentierter und die Kunden-bedürfnisse immer differenzierter werden. Ohne gute Antworten landen wir zwangs-läufig in einer Krisensituation.

Ebenso umfassend wie diese Marktveränderungen müssen auch die Veränderungen in den Strukturen der Unternehmen sein, um überhaupt auf diese Marktveränderungen reagieren oder um sie vorausahnen zu können. Wenn es in der heutigen Zeit eine Chance für grosse Unternehmen gibt, dann liegt sie darin, dass sie aufhören, sich wie grosse Unternehmen zu verhalten und anfangen, wie kleine Firmen zu handeln - mit der Finanzkraft von grossen.

VW und Audi haben als erste damit begonnen, die Stossfänger an ihren Modellen in den Wagenfarben zu lackieren. Dann kamen Variationen für die unterschiedlichen Nummernschildgrössen in den einzelnen Ländern dazu und schliesslich wurden die Temperaturfühler für die Aussentemperaturanzeige konstruktiv integriert. Noch vor wenigen Jahren hatte ein Autotyp maximal sechs Varianten von Stossfängern, die mit einer Vorwarnzeit von einer Woche im Werk angeliefert werden mussten. Heute hat allein ein Modell über 2400 Varianten von Stossfängern - und sie müssen innerhalb von 180 Minuten fertig eingehängt ins Montageband angeliefert werden. Und unglücklicherweise kann niemand vor diesem Zeitpunkt sagen, welche Variante in welcher Stückzahl aktiv wird. Das ist die Differenzierung, mit der wir leben müssen.

Ich habe es schon einmal gesagt: wenn wir auf so dynamischen Märkten erfolgreich sein wollen, und das gilt besonders für Krisenzeiten, dann können wir dies nur, wenn wir selbst die gleiche Dynamik haben wie der Markt. Und es soll keiner glauben, er selbst wäre in Märkten tätig, die diese Dynamik nicht haben, er hat dann vielleicht gerade noch eine Zeitreserve. Und das kann auch gar nicht anders sein, weil es immer die gleichen Menschen sind. Der Mann, der bei Audi in 180 Minuten Tausende von

Stossfänger-Varianten handeln muss, ist nämlich der gleiche, der morgen ein Haus kauft, zum Coiffeur geht oder eine Versicherung abschliesst. Und er wird seinen Service-Standard übertragen als Anspruch an alle, die ihm etwas verkaufen wollen. Das ist das Thema Kundenzufriedenheit oder Kundenorientierung.

Die Aesculap AG ist eines der weltweit führenden Unternehmen auf dem Gebiet chirurgischer Bestecke und Instrumente, einem der von den Kundenanforderungen und der Technologieentwicklung her dynamischsten Märkte der Welt. Das Unternehmen hatte eine Kapitalerhöhung vor und muss den potentiellen Anlegern attraktive Renditen bieten. Und sie haben sich deshalb ein Ziel gesetzt: "Entwicklung der Fähigkeit, höchst anpassungsfähig zu sein gegenüber den sich permanent verändernden Chancen und Risiken des Marktes bei gleichzeitiger Erreichung von Kostenvorteilen gegenüber den Wettbewerbern."

Für Aesculap hat sich dann die Frage gestellt, wie sie diese Fähigkeit erreichen können. Und die erste Antwort, die wir gefunden haben, hiess "Ballast abwerfen" - und sich von allem zu trennen, was daran hindert, Ballast abzuwerfen. Wenn man Ballast abwirft, so haben sie erkannt, gewinnt man an Beweglichkeit. Und das heisst, heute das zu tun, was ich heute als richtig erkenne, ungeachtet dessen, was ich gestern gedacht oder entschieden habe. Und das heisst auch, die Ressourcen so einzusetzen, nach Möglichkeit nur kurzfristig gebunden und so früh wie möglich für eine neue Verwendung frei.

Der Ballast, den Aesculap gefunden hat, waren die üblichen Organisationsstrukturen einer funktionsstrukturierten Organisation. Die Geschäftsprozesse laufen horizontal und vertikal von Fachabteilung zu Fachabteilung - das ist Ballast, weil man immer an Grenzen stösst. Organisationsabläufe, die so kompliziert sind, dass man ein grosses Schaubild braucht, wie das weisse Auftragsblatt und die rote Kopie so durch das Unternehmen laufen sollen - das ist doch Ballast, das versteht kaum jemand - wie soll man denn danach leben? Von einem Gesamtvolumen an Kostenreduzierung von über 30 Millionen liegen allein in der Optimierung der primären Geschäftsprozesse - entwickeln - verkaufen - produzieren und liefern - mehr als 20 Millionen.

Den allergrössten Ballast aber findet jeder einzelne von uns in seinem Kopf. Das hindert dann die Umsetzung. Und wenn dann noch dieses Wohlfühl-Gleichgewicht dazu kommt... Dies erleben wir am allerdeutlichsten derzeit bei Prozessen in der Versicherungswirtschaft und im Bankenbereich. Wir erleben, wie die Denkgewohnheiten - was heisst Denkgewohnheiten - die sind ja dominant bestimmt durch die sogenannte Professionalität - das, was wir mal gelernt bekommen haben und laufend und immer noch als gültig, als endgültig betrachten: Denkbequemlichkeiten, die heute für die Herausforderungen von morgen zu den Antworten von gestern führen. Jürgen Fuchs hat es einmal so formuliert: ‚Weil Maschinen als Vermögen in der Bilanz auftauchen und Menschen als Kosten in der Gewinn- und Verlustrechnung, deswegen haben unsere Manager ihre Bilanzen dadurch in Ordnung gebracht, dass sie Menschen entlassen und Maschinen gekauft haben.‘ - Denkbequemlichkeiten...
Und unsere Vorurteile, wenn wir immer schon vorher wissen, das irgend etwas nicht geht und warum es nicht geht, und unsere Ängste. Unsere Ängste - und da nehme ich mich nicht aus - die uns immer wieder dazu zwingen, Absicherungsmechanismen zu implementieren, unser Misstrauen, dass immer nur dem anderen gilt und die Fülle der bisherigen, leidvollen Erfahrungen. Was haben wir nicht schon alles erlebt, kein Wunder, dass wir misstrauisch sind. Und tagtäglich begegnen wir Situationen und Menschen, die uns darin bestätigen, dass wir zu Recht misstrauisch sind. Das sind die allergrössten Arten von Ballast, die nicht zu Arbeit im Sinne unserer Kunden sondern zu Nicht-Arbeit führen. Wenn ich jedem Versicherungsnehmer unterstelle, ein potentieller Gauner und Dieb zu sein, dann brauche ich viele Detektive, Polizisten und Juristen. Vielleicht kann man das aber auch anders denken... Denkbequemlichkeiten...

Und immer wenn ich dann frage, wer das denn ändern könnte, ist die Antwort ganz einfach: natürlich die Menschen. Und ich weiss, dass damit allzu oft nur die anderen gemeint sind. Die Menschen alleine könnten das ändern, weil wir die einzige Ressource, die einzige Quelle sind, die Dynamik in sich hat. Und ich betone "könnte", weil es nicht von Haus aus gleich so ist. Der Mensch steht im Mittelpunkt - und ich weiss, wie oft dieser Spruch ohne Inhalt ist. Aber wenn wir an die Neugestaltung eines Unternehmens gehen, dann geht das nicht anders, als die Menschen in den Mittelpunkt der Betrachtung zu stellen, weil sie das Unternehmen so geschaffen haben wie es ist - und nur sie können es auch wieder ändern.

Damit wir uns hier richtig verstehen möchte ich das Gesagte noch einmal zusammenfassen und in den richtigen Kontext stellen: Das Ziel unseres Handelns als Wirtschaftsunternehmen ist der wirtschaftliche Erfolg für das Heute und das Morgen. Der Schauplatz des Geschehens, dort, wo sich der Erfolg oder Misserfolg entscheidet, ist der geordnete Markt. Und die Ressource, die alleine darüber entscheidet, ob wir auf dynamischen Märkten wirtschaftlich erfolgreich sind, sind die Menschen. Deswegen müssen sie im Mittelpunkt stehen: weil nur die Menschen Garanten sein können für den Erfolg. Und sie stehen nicht deswegen im Mittelpunkt, damit sie sich wohl fühlen. Und dies ist eine klare und deutliche Absage an die Protagonisten einer Soft-Management-Kultur.

Drei Prinzipien, die wir in unterschiedlichen Firmen erlebt haben, sind entscheidend für eine derartige Veränderung in Unternehmen und Organisationen.

Das erste Prinzip: Hindernisse erkennen und beseitigen. Beseitigung der vielfältigen Hindernisse, die der Entfaltung der Fähigkeiten der Mitarbeiter im Wege stehen, die der Entwicklung der individuellen Fähigkeiten zum Wohle des Unternehmens im Wege stehen.

Wenn der Mensch im Mittelpunkt stehen muss, weil wir anders keinen überzeugenden wirtschaftlichen Erfolg auf dynamischen Märkten erzielen können, dann müssen wir von unserem alten Verständnis Abschied nehmen, dass ein Unternehmen wie eine riesige Maschine ist, die, einmal richtig konstruiert und richtig zusammengebaut, nur noch der laufenden Wartung und des gelegentlichen Austauschs von Verschleissteilen bedarf.

Da fast alle Unternehmen in nahezu allen Ländern der Erde auf diesem Modell nach dem Vorbild von Henry Ford aufgebaut wurden, gibt es nach meiner Erfahrung noch viele dieser Maschinenbürokratien und noch mehr Unternehmen, die noch immer wesentliche Bestandteile davon haben. Sie sind gekennzeichnet durch hochspezialisierte betriebliche Routineaufgaben, äusserst formalisierte Verfahren im betrieblichen Kern, ein Ausufern von Regeln, Vorschriften und formalisierter Kommunikation in der gesamten Organisation, grosse Einheiten auf der betrieblichen Ebene, Gruppierung der Aufgaben auf funktionaler Basis, zentralisierte Entscheidungsbefugnisse und eine stark ausgebaute administrative Struktur mit einer scharfen Trennung zwischen Linie und Stab. Beseitigung dieser Hindernisse... Da diese Unternehmen die erforderliche Koordination durch Standardisierung ihrer Arbeitsprozesse erzielen, sind die Technokraten, die die Arbeitsprozesse standardisieren, der wichtigste Organisationsteil. Beseitigung dieser Hindernisse...

Diese Organisationen funktionieren nur mit starker Kontrolle. Dies führt dazu, dass alle Versuche unternommen werden, jede mögliche Ungewissheit zu beseitigen, sodass die Maschine reibungslos und ohne Unterbrechung funktionieren kann. Zum anderen sind Maschinenorganisationen gerade wegen ihrer strukturellen Gestaltung häufigen Konflikten ausgesetzt; die Kontrollsysteme dienen dazu, diese Konflikte in Grenzen zu halten, was einen erheblichen Teil der Energie der Führungskräfte bindet. Beseitigung dieser Hindernisse...

Die Führungskräfte an der Spitze dieser Organisationen sind weitgehend damit beschäftigt, ihre bürokratischen Maschinen sorgfältig aufeinander abzustimmen. Damit wird erhebliche Macht bei den Führungskräften der Spitze konzentriert. Beseitigung dieser Hindernisse...

In diesem Verständnis ist ein neugieriger, kreativer, phantasievoller, flexibler und eigenverantwortlicher Mitarbeiter hochgradig störend, in diesem Verständnis gibt es keinen Raum für Leistungsbereitschaft und Verantwortungsbereitschaft: man muss das alles ja genau so tun, wie es vorher beschrieben wurde. Der Mensch ist eingesetzt als Verrichter von präzise beschriebenen Verrichtungen. Und wir leben und leben noch immer in dem Verständnis, dass, wenn jeder nur seine Verrichtung richtig verrichtet, dass es dann klappt. Beseitigung dieser Hindernisse in unseren Köpfen und unseren Herzen.

Wir müssen daher das Maschinenmodell ersetzen durch ein altbekanntes Modell, das man schon lange in der Fachliteratur nachlesen aber kaum irgendwo wirklich vorfinden kann: das Modell der Selbstverantwortung. Das Geschehen vor Ort wird von den Menschen gesteuert, die vor Ort etwas tun. Das klingt ganz einfach. Aber wenn ich das einmal ganz boshaft formuliere, dann heisst das: Abschaffung aller Besserwisser-Funktionen des Hintergrunds. Bei Gelenkwellenbau gibt es keine Arbeitsvorbereitung und keine Qualitätskontrolle mehr. Bei Toyota muss, wenn der Arbeiter das Band aufgrund von Problemen stoppt, die er nicht beheben kann, der zuständige Produktions- und Entwicklungsleiter innerhalb von fünf Minuten in der Werkhalle sein und das Problem lösen. Umkehr der Pyramide. Das Geschehen vor Ort wird von den Menschen gesteuert, die vor Ort etwas tun...

Selbststeuerung setzt Funktionsintegration voraus. Da gehört die Aufhebung des Taylorismus dazu, die fraktale Struktur eines Unternehmens, ein prozessstrukturiertes Unternehmen: die Ablösung der Funktionsstruktur durch eine kundenorientierte Prozessstruktur. Zusammenführung der Tätigkeiten, die eigentlich zusammengehören. Schluss damit, dass ein Vorgang eine Irrfahrt macht von Schreibtisch zu Schreibtisch zu Schreibtisch, bis er irgendwann einmal endlich fertig ist. Was ein Team macht, das macht es vollständig: es deckt mit den beteiligten Menschen einen geschlossenen Prozess ab.

Bei Mettler Toledo wird eine Waage vom Anlieferzustand der Teile bis zum Auslieferzustand der fertigen Gerätes, verpackt und mit Versandetikett versehen - in einer Gruppe fertiggestellt. Diese Gruppe deckt den vollständigen Montageprozess ab, ist für die Qualität des Produktes verantwortlich und erfüllt aufgrund der Zertifizierung zur Hersteller-Ersteichung auch die Funktion des Eichbeamten. Also: der vollständige Geschäftsprozess, der in der herkömmlichen Funktionsstruktur von Fachabteilung zu Fachabteilung läuft, verlässt dieses Team überhaupt nicht mehr. Funktionsintegration als Voraussetzung für Selbststeuerung...

Bei der Volksfürsorge waren die Binnenfunktionen des Lebensversicherers streng tayloristisch getrennt: Risikoprüfung - eine Einheit, Neugeschäft - eine Einheit, Bestandsbearbeitung - eine Einheit, Gruppenversicherungen - eine Einheit, Kundenservice - eine Einheit, Fachbereichs-IT - eine Einheit, Fachtrainer - eine Einheit, Zentralinkasso - eine Einheit, Zahlungsverkehr - eine Einheit, Archivsysteme - eine Einheit, Leistungsprüfung - eine Einheit. Der Kunde kam so gut wie nicht mehr vor. Und es gab überall monotone und stupide Arbeiten, die einzelnen "MüllbearbeiterInnen" zugeordnet waren, die auch noch am schlechtesten bezahlt wurden.

Die Volksfürsorge hat all diese Arbeiten in Gruppen integriert, die jeweils für ein Geschäftsgebiet zuständig sind, hat den Taylorismus aufgehoben und die Arbeitsinhalte angereichert und die Schmuddeltätigkeiten auf alle verteilt: nicht jeder einzelne muss alles können, aber die Gruppe muss ihre Kunden ganzheitlich und fallabschliessend betreuen können. Funktionsintegration als Voraussetzung für Selbststeuerung. Und es hat sich ausgezahlt: Die Produktivität der Arbeitsgruppen ist zwischen 17 und 48 Prozent je Gruppe gestiegen, im Durchschnitt waren es 31 Prozent. Funktionsintegration als Voraussetzung für Selbststeuerung...

Ein weiteres Beispiel: Ich habe von der Fragmentierung der Märkte gesprochen, von der Differenzierung der Kundenbedürfnisse, von dem Problem, schnell auf dynamischen Märkten reagieren zu müssen. Beiersdorf hat bei Tesa einmal eine projektmanagementmässig organisierte Produktenwicklung gehabt, die zwei bis drei Jahre benötigte, um ein neues Produkt zu realisieren. In der Realität des Wettbewerbs standen aber zwei bis drei Jahre nicht mehr zur Verfügung: Tesa musste die Fähigkeit entwickeln, vom Erkennen einer Marktchance bis zur Einführung des Produktes am Markt mit wenigen Monaten auszukommen. Tesa hat hierfür ebenfalls einen geschlossenen Prozess gebildet: alle Abteilungen, die früher irgendwie mit der Neuschaffung von Produkten beschäftigt waren, also der ganze Bereich Marketing, der ganze Bereich Entwicklung mit seinen verschiedenen Abteilungen, die Produktionsvorbereitung, die Qualitätssicherung der Entwicklung - all diese Abteilungen und Bereiche wurden aufgelöst. Sie gibt es heute nicht mehr. Statt dessen wurden all die Menschen, die in diesen Bereichen tätig waren, zu einer Vielzahl kleiner Teams zusammengefasst. Und zwar so, dass in jedem Team die volle Sachkomptenz vorhanden ist, um den ganzen Prozess zu bewältigen. Dieser Prozess beginnt mit dem Aufspüren von Marktchancen - und die muss man draussen bei Kunden und potentiellen Kunden suchen, die findet man nicht am Schreibtisch. Und der Prozess ist dann beendet, wenn das neue Produkt erfolgreich im Markt eingeführt ist - und nicht vorher.

So ein Team besteht aus fünf bis sieben Mitarbeitern und arbeitet in einem Teamraum Schreibtisch an Schreibtisch mit einer hohen Kommunikationsdichte. Menschen, die früher durch Bereichsgrenzen und Bereichskompetenzen getrennt waren, arbeiten nun auf Zuruf miteinander. Und dies gestattet nun ein parallel-synchrones Arbeiten: es ist nun nicht mehr notwendig, dass der eine wartet, bis der andere seine Tätigkeit abgeschlossen und auch noch einen Abschlussbericht gemacht hat. Was dann aber auch bedeutet hat, die Akzeptanz der Menschen füreinander und für ihre Professionalität zu fördern, die Bereitschaft zu fördern, die eigene Tätigkeit auch auf der Basis unzulänglicher Eingangsinformationen zu beginnen und die Ergebnisse hinterher vielleicht auch wieder wegzuwerfen. Funktionsintegration als Voraussetzung für Selbststeuerung - optimiert auf die kürzest mögliche Durchlaufzeit im Sinne des Kunden.

Eine weitere Voraussetzung für Selbststeuerung ist die Eigenverantwortlichkeit. Jeder ist verantwortlich für das, was er tut oder unterlässt. Was wir dabei erlebt haben ist, dass die Umsetzung dieser Voraussetzung der schwierigste Teil der Selbststeuerung ist. Dabei wird das Angebot zur Eigenverantwortlichkeit von den Menschen zunächst einmal freudig aufgenommen. Zunächst konnten wir immer hören: "Hurra, jetzt bin ich endlich mein eigener Herr!" Erst später hört man auch noch etwas anderes. Das Wort "Eigenverantwortlichkeit" ist ein zusammengesetztes Wort, und der kleinere Teil heisst "eigen". Das Entscheidende ist aber die Übernahme von Verantwortlichkeit. Verantwortung für mich und mein Arbeitsergebnis, aber auch Verantwortung für meine Kollegen und deren Arbeitsergebnisse. Fairerweise muss ich sagen, dass die Entwicklung von Eigenverantwortlichkeit in dem alten Maschinenverständnis eines Unternehmens gar nicht gewollt und auch nicht möglich war. Und wenn wir nun wirklich Eigenverantwortlichkeit haben wollen, dann müssen wir bereit sein, auch hier alle Hindernisse zu beseitigen, die der Entwicklung von Eigenverantwortlichkeit im Wege stehen, so dass wir Eigenverantwortlichkeit neu lernen können.

Und ich schildere Ihnen nur zwei Hindernisse. Führung: Der Vorgesetzte, der seinem Mitarbeiter ganz genau sagt, was und wie er etwas zu machen hat, verhindert genau damit die Entwicklung der Eigenverantwortlichkeit.

Richtlinien: Marcus Bierich hat einmal gesagt: "Das DIN A4-Blatt, auf dem die Weisung steht, wie etwas gemacht werden muss, ist gross genug, dass sich alle Mitarbeiter von Bosch dahinter verstecken können".

Eigenverantwortlichkeit - was können wir dafür tun? Der Gärtner, der ein Samenkorn in die Erde steckt, aus dem dann eine wunderschöne Blume wächst, kann an dem Wachsen dieser Blume und an ihrer Schönheit selbst nichts bewirken. Nicht auch nur ein kleines Stück der Stengellänge kann er wachsen machen. Sie wächst einzig und allein aus ihrer eigenen, inneren Kraft. Was er machen kann? Er kann einen Stein beiseite räumen, er kann den Boden lockern, er kann die Blume düngen, er kann wässern, er kann Unkraut jäten. Das ist alles, was der Gärtner tun kann. Mehr nicht. Aber nur wenn er das tut, wächst aus diesem Samenkorn die wunderschöne Blume. Nicht anders ist es bei den Menschen auch. In jedem Menschen stecken diese Potentiale.

Und was wir als Verantwortliche oder als Gestalter von Führung tun können, ist genau das gleiche, was der Gärtner macht: Steine beiseite räumen, Boden lockern, düngen, wässern und Unkraut jäten. Eigenverantwortung als Voraussetzung für Selbststeuerung... Wir können dafür sorgen, dass die Menschen über den Sinn ihrer Tätigkeit reflektieren, Quellen von Verschwendung erkennen, Blindleistungen als solche erkennen und vermeiden. Eigenverantwortlichkeit als Voraussetzung für Selbststeuerung...

Das zweite Prinzip: Spitzenleistung ermöglichen. Bedingungen schaffen, in denen Menschen es möglich wird, auf freiwilliger Basis eine Spitzenleistung zu erbringen, in denen es Menschen möglich wird, dass ihnen die Arbeit Spass macht, sie darauf stolz sind und dass sie ihre Anerkennung finden.

Das führt uns dazu, dass das Wort "Leistung" noch einen bestimmten Anspruch hat. Da darf Leistung nicht etwas sein, was die Menschen als Last, Bürde, Bedrohung, oder gar Ausbeutung erleben. Leistung muss da als etwas verstanden werden, was Menschen auf freiwilliger Basis erbringen, worauf sie wirklich stolz sein können und was ihnen Freude macht. Im privaten Bereich können wir gut sehen, was hier möglich ist: Da gibt es beispielsweise einen, der an jedem Samstag wie ein Verrückter auf dem Fussballplatz herumrennt, auf freiwilliger Basis eine Top-Leistung bringt, literweise Schweiss vergiesst, darauf stolz ist und nachher mit seinen Mitspielern in der Kneipe zur Belohnung einen hebt. Da sehen wir nicht nur, wozu Menschen fähig sind, sondern auch, wie Menschen leben und arbeiten wollen - nicht nur in ihrer Freizeit, sondern auch in der Zeit, in der sie in einem Unternehmen arbeiten. Und dazu müssen wir uns von der Vorstellung befreien, Menschen motivieren zu müssen. Menschen kann man nicht motivieren. Menschen sind motiviert. Wir können sie nur demotivieren. Bedingungen schaffen für eine Spitzenleistung...

Darum muss ich zuerst die Bedingungen schaffen - dann erst kann ich Leistung erwarten. Deswegen ist es eine Torheit, an die Mitarbeiter einen Leistungsanspruch zu stellen, ohne die Voraussetzungen zu schaffen, dass diese Leistung überhaupt erbracht werden kann. Adidas wollte sich als internationales Unternehmen, als Global Player profilieren. Und sie haben erkannt, dass man dafür auch im eigenen Haus international sein muss. Heute arbeiten Menschen aus vielen Nationen in der Konzernzentrale in Herzogenaurach. Und jeder kennt einen oder mehrere Märkte, zusammen erst können sie international, können sie global denken. Adidas ist heute wieder weltweit führend - mit deutlichem Abstand vor Nike und Reebok. Bedingungen schaffen für eine Spitzenleistung...

Die Würth-Gruppe ist ein absolut vertriebsorientiertes Unternehmen. Jeder im Unternehmen, auch Leute aus der Buchhaltung, dem Einkauf, der Logistik, jeder betreut an mindestens einem Tag im Monat Kunden. Und jeder weiss und erlebt, was Kundenwünsche sind und wie man damit umgehen muss - ein kundenorientiertes Unternehmen. Und für die Informationstechnologie hat Reinhold Würth eigene Firmen und Vertriebskanäle geschaffen, die auch am Markt agieren – und auch gegeneinander - ein wettbewerbsorientiertes Unternehmen. Bedingungen schaffen für eine Spitzenleistung...

Und das dritte Prinzip: Kommunikationsdichte herstellen. Das bedeutet das Fördern einer hohen und intensiven Kommunikation im Unternehmen, und zwar jeder mit jedem, jeder mit allen und alle mit jedem.

Weil wir nur über diese Kommunikationsdichte die vielfältigen Ideen und Potentiale der Mitarbeiter zu einem gemeinsamen Wollen zusammenfassen können. Und weil wir nur über eine hohe Kommunikationsdichte das Ausmass an Transparenz und Öffentlichkeit herstellen können, das alle verpflichtet, das deutlich werden lässt, wer sich im Sinne der Ziele verhält und wer nicht. Und ich spreche von einer Kommunikation - und nicht von Information.

Menschen werden sich nie vollständig informiert fühlen. Menschen werden immer wieder das Gefühl haben, dass ihnen Informationen fehlen, denn man kann das Unbekannte ja nicht wissen. Kommunikation beinhaltet gerade das Miteinander-Reden über das Unbekannte, über die Sorgen und Ängste, die es auslöst oder über die Hoffnungen und Sehnsüchte, die damit verbunden werden. Und erst eine derartige Kommunikation bietet die Möglichkeit, sich über das Ganze, über alle Sichtweisen, auszutauschen und festzustellen, wo es vielleicht noch Informationen gibt, die ich brauche. Und dazu müssen wir die Menschen wieder neugierig machen, gierig auf das Neue. Neugierig auf neue Möglichkeiten, Geschäfte zu machen, neugierig, auf neue Möglichkeiten, keine Ressourcen zu verschwenden, neue Möglichkeiten, sich besser zu organisieren: kurz: neugierig darauf, immer besser zu werden.

Eine hohe Kommunikationsdichte. Das darf dann natürlich keine selektive Kommunikation sein. Es ist ohnehin eine Torheit, zu glauben, man könne selektiv mit Menschen kommunizieren. Nein, dann findet keine Kommunikation statt, bestenfalls noch eine Art Dienstgespräch. Nein, Kommunikation darf nicht selektiv sein, weil Menschen zunächst immer über das sprechen wollen, was sie gerade bewegt. Und wenn ich das verhindere, dann findet keine Kommunikation statt. Herstellen einer hohen Kommunikationsdichte...

Vieles davon ist bei Hewlett Packard normal: genau aus diesen Gründen ist es dort nicht nur gestattet, dass Menschen miteinander reden: es ist erwünscht und wird von allen als Pflicht begriffen. Als eine Pflicht, darüber zu reden, wohin sich das Unternehmen entwickeln soll, welche Ängste und Befürchtungen es gibt, was das ganz konkret für meinen eigenen Arbeitsplatz bedeutet, woran ich selbst und andere erkennen können, dass ich das ernst nehme.

"Und selbst wenn 90 Prozent der Zeit, die unsere Leute miteinander reden, nur Tratsch wäre, und nur in den anderen 10 Prozent das gesprochen wird, was sonst nie gesprochen würde - selbst dann ist das richtig!" - das ist die Aussage eines Mitglieds der Geschäftsführung. Und ich lege die Hände dafür ins Feuer: wenn bei HP eine

Gruppe von Menschen zusammensteht und über das letzte Fussballspiel diskutiert und ein Vorgesetzter kommt hinzu - da springt die Gruppe nicht auseinander. Die Menschen wissen, dass dies gestattet, dass dies erwünscht ist. Nicht, weil es für die Menschen schön ist, sich miteinander zu unterhalten. Sondern weil nur und ausschliesslich mit einer hohen Kommunikationsdichte eine Spitzenleistung entstehen kann. Herstellen einer hohen Kommunikationsdichte...

Nicht selektiv heisst aber auch, dass es eine offene Kommunikation sein muss. Und Offenheit entsteht nicht von alleine. Offenheit entsteht nur auf der Basis von Vertrauen. Und Vertrauen entsteht auch nicht von alleine. Vertrauen entsteht nur, wenn es aktiv entwickelt wird. Keinesfalls, wenn ich mich kinomässig zurücknehme, um mal zu sehen, ob der andere meines Vertrauens würdig ist. Nein. Vertrauen entsteht nur, wenn ich dem anderen zu verstehen gebe, und zwar so, dass er mich versteht: "Ich vertraue Dir" - und dieses Vertrauensangebot aufrecht erhalte, auch wenn er mich das erste, zweite, dritte oder auch vierte Mal enttäuscht - solange, bis auch er fähig ist, mir zu vertrauen - erst dann entsteht Vertrauen, Kultur.

Vertrauen entgegenbringen als Vorleistung dafür, dass mehr Vertrauen wachsen kann - darauf müssen wir in Veränderungsprozessen achten. Herstellen einer hohen Kommunikationsdichte...

Noch einmal in einer Nussschale: Das Ziel unseres Handelns als Wirtschaftsunternehmen ist der wirtschaftliche Erfolg für das Heute und für das Morgen. Der Schauplatz des Geschehens, dort, wo sich der Erfolg oder Misserfolg entscheidet, ist der geordnete Markt. Und die Ressource, die alleine darüber entscheidet, ob wir auf dynamischen Märkten erfolgreich sind, ist der Mensch. Und damit Menschen sich zu ihrer wahren Grösse entwickeln können, müssen wir dafür sorgen, dass eine klare strategische Orientierung erfolgt, dass Ballast abgeworfen werden kann, dass Denkbequemlichkeiten entlarvt und verändert werden, dass Selbstverantwortung das Maschinenmodell ersetzt, dass Bedingungen für Spitzeneistungen geschaffen werden und dass dieser gesamte Prozess durch eine hohe Kommunikationsdichte unumkehrbar wird. Und dazu müssen wir Sehnsucht und Leidenschaft für eine bessere Zukunft und Leid und Schmerz für die Beibehaltung des status quo erzeugen. Das ist Führung.

Führungserfolg

Wenn ich anderen die Frage stelle, was für sie das Wichtigste ist, was Führung ausmacht, was sie bewirken soll, dann höre ich immer ‚selbstverständlich den Erfolg'. Damit ist dann entweder der Erfolg des Unternehmens, der Organisation, der Partei, eines Projektes oder auch einer Bergtour gemeint. Oswald Neuberger beklagt, dass dieses Endprodukt von Führung - nämlich der ‚Erfolg' - vergleichsweise wenig theoretische und empirische Beachtung gefunden hat. Die Frage nach dem Führungserfolg geht aber auch weit über die Perspektive der reinen Führungsbeziehung zwischen Vorgesetztem und Mitarbeiter hinaus. Es sei an der Zeit, dass die Führungsforschung – und ich sage auch die Führungspraxis - von der Überbetonung des Führungsstils endlich zum Zweck der Führung vordringt. Damit kämen wir dann einmal in die Nähe dessen, was schon alle ohnehin meinen: dass gerade der Erfolg das Wichtigste bei der Führung ist.

Wenn man ausgetretenen Pfaden folgt kommt man nur dahin, wo andere auch schon waren. Was macht denn nun erfolgreiche Führung aus? Eigentlich ist es ganz einfach. Menschen führen Menschen. Deswege habe versucht, einmal von den eingetretenen Pfaden abzubiegen und zu schauen, ob und gegebenenfalls was erfolgreiche Führungspersönlichkeiten gemeinsam haben, zu schauen ob es so etwas wie eine ‚DNA' dieser aussergewöhnlichen Menschen gibt.

Meine berufliche Entwicklung war immer eng mit Organisations- und Strategiefragen verbunden. Beides kann man in seiner Wirksamkeit messen: Die Wirksamkeit von Strategien beispielsweise in Marktanteilen, in Wachstumsraten oder am realen nachhaltigen Gewinn. Die Wirksamkeit von Organisation kann man messen beispielsweise in der Effektivität und der Effizienz der Aufbau- Ablauf- und Prozessorganisation, in der Bearbeitungszeit pro Arbeitsvorgang, in Durchlaufzeiten. Wenn man nun fragt, wer denn Strategien entwickelt und Organisationen gestaltet dann ist die Antwort sehr einfach: natürlich die Menschen. Strategien und Organisationen werden von Menschen gemacht. Leider konnten wir aber die Grundlagen der Wirksamkeit von Menschen, ihre Stärken, nicht wirklich messen: alles, was es lange Zeit dazu an Diagnostik gegeben hat, hat nämlich seine Wurzeln in der klinischen Psychologie.

Die klinische Psychologie zielt darauf, und dafür ist sie auch wertvoll, Krankheit zu erkennen und zu heilen oder zumindest zu behandeln. Instrumente mit einer Herkunft aus der klinischen Psychologie, davon bin ich zutiefst überzeugt, würden also Krankheit finden, weil sie dafür entwickelt worden sind, Krankheit zu finden. Sie würden keine Stärken finden.

Bei den Persönlichkeiten in Unternehmen habe ich es aber normalerweise nicht mit kranken sondern im Gegenteil mit sehr gesunden, überaus vitalen und erfolgreichen Menschen zu tun. Deswegen bin ich immer auf der Suche nach etwas gewesen, was in der Lage ist, diese Stärken von Menschen zu erkennen und darüber hinaus zuverlässig zu messen.

Warum denn nun um alles in der Welt gerade Stärken? Wir werden doch gerade immer wieder darauf hingewiesen, wie wichtig es denn wäre, ja geradezu existentiell, an unseren Schwächen zu arbeiten, damit wir erfolgreicher sein können. Dies zeigt sich auch in der Unternehmenswirklichkeit. Gerade einmal jeder siebte Mitarbeitende konnte nach der aktuellen Gallup-Umfrage ein gehaltvolles Gespräch mit seinem Vorgesetzten über seine Stärken führen. Meine Lebenserfahrung hat mir aber an vielen Beispielen gezeigt, dass wir nur auf den Stärken von Menschen erfolgreiche Unternehmen aufbauen können, das Beschäftigen mit Schwächen hilft da nicht. Es macht doch keinen Sinn, Unfähigkeit oder Unzulänglichkeit dadurch etwas erträglicher zu machen dass sie mit hohem Aufwand an Zeit und Geld ‚behandelt', abgemildert wird. Nur Stärken machen uns selbst und die Unternehmen stark, für die wir arbeiten.

Vorhin haben wir gesehen, dass das wichtigste, was Führung bewirken soll, der Erfolg ist, bei Unternehmen also der nachhaltige Erfolg dieses Unternehmens für das Heute und das Morgen. Was aber treibt am stärksten den Erfolg von Unternehmen? Da sind wir wieder bei den Menschen. Ihre Leistung wird am stärksten von ihrem Engagement beeinflusst, ihrem Engagement für ihre Arbeit und für ihr Unternehmen, ihrer Bereitschaft, auf freiwilliger Basis Höchstleistungen im Sinne der Kunden zu erbringen. Dies zeigen die Ergebnisse der Global Workforce Study von Towers Perrin und die wiederkehrenden Untersuchungen von Gallup zum Engagement-Index.

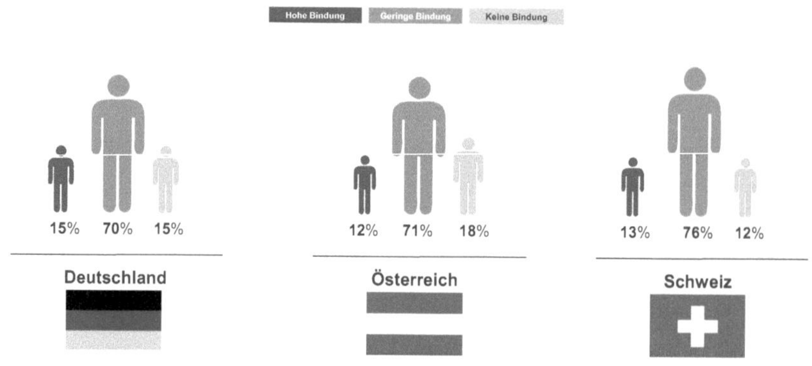

Abb.: Engagement Index

Warum das wichtig ist? Weil dieses Engagement, die Leistungsbereitschaft der Mitarbeitenden, direkt die Ergebnisse der Unternehmen beeinflusst und das Engagement seinerseits am stärksten beeinflusst wird durch die Führung. Dies belegen eine ganze Reihe wissenschaftlicher Studien zu diesem Thema. Also: Führung steuert das Engagement der Mitarbeitenden und dieses wiederum den Erfolg des Unternehmens.

Führung in Wirtschaft und Gesellschaft wird zunehmend anspruchsvoller und komplexer, zugegeben. Gründe dafür sind beispielsweise in der zunehmenden Globalisierung, der gegenwärtigen Pandemie, dem demografischen Wandel oder einem veränderten Wertebewusstsein zu finden.

Wir erleben, dass die ‚Geführten' die einstmals so selbstverständliche Autorität der Führer nicht mehr anerkennen, aufbegehren wie bei Fridays for Future und deutlich mehr an Mitwirkungsmöglichkeit und Beteiligung einfordern. Die Wahlbeteiligungen zeigen dass die grösste ‚Partei' die der Nichtwähler ist. Auch in den Unternehmen kann man dieses Aufbegehren finden: gerade einmal noch knapp 15 Prozent der Mitarbeitenden im deutschsprachigen Raum arbeiten engagiert und mit Freude an ihrem Arbeitsplatz. Sie begehren auf durch Leistungsverweigerung, durch Dienst nach Vorschrift. Und das, obwohl es so viele Führungstrainings und Weiterbildungen gibt.

Möglicherweise geht da der Ansatz in die falsche Richtung: aus meinem Erleben sind Mitarbeitende motiviert. Ich erlebe eher, dass Führungskräfte oftmals durch ihr Umgehen mit den Mitarbeitenden, diese kraftvoll demotivieren. Vielleicht muss mehr Augenmerk darauf gerichtet werden, wie Führungskräfte Mitarbeiternde nicht demotivieren als immer wieder offensichtlich ziemlich nutzlose Motivationskampagnen zu lancieren. Diese Ergebnisse von Gallup sind ein Armutszeugnis für die Führung. Vielleicht helfen da ja die probaten Patentrezepte ja wirklich nicht weiter.

Dabei kommt überraschender Weise der Rolle der Unternehmensleitung eine noch erheblich stärkere Bedeutung zu als der des direkten Vorgesetzten. Die Offenheit der Unternehmensleitung für neue Ideen, der klare Wille, dass die Mitarbeitenden Einfluss haben sollen auf die Entscheidungsprozesse, der klare Fokus auf die Bedürfnisse der Kunden und eine klare Vision und Ausrichtung des Unternehmens auf langfristigen Erfolg haben den grössten Einfluss auf das Engagement der Mitarbeitenden, ihre Begeisterung und ihre Leidenschaft sich für ihr Unternehmen einzusetzen. Dies hat mich darauf gebracht, mich auf die Suche nach den Stärken der obersten Leitung, nach der ‚DNA' erfolgreicher Unternehmensführer zu machen.

Wenn Erfolg die zentrale Messlatte ist für die Wirksamkeit von Führung, dann müssen Unternehmensführer mit diesen besonderen Stärken über längere Zeit erfolgreiche Unternehmen geführt haben. Über längere Zeit damit man diejenigen aussortieren kann, die lediglich die positiven oder negativen Auswirkungen der Arbeit ihrer Vorgänger erben, ohne selbst wirklich durch eigenes Zutun etwas daran bewirkt zu haben. Beschäftigen wir uns aber zunächst erst einmal mit der Frage, was denn eigentlich erfolgreiche Unternehmen sind.

Erfolgreiche Unternehmen

Was sind nun erfolgreiche Unternehmen? Dazu muss ich etwas weiter ausholen. Aber ich verspreche, dass dies durchaus spannend ist, weil wir von vielen Vorstellungen Abschied nehmen mussten und am Ende Kriterien gefunden haben, die vielleicht für manche banal, für andere aber ziemlich einsichtig sind.

Bei Google bekommt man zu ‚erfolgreiche Unternehmen' in 0,06 Sekunden mehr als 15 Millionen Hits. Die wollte ich nun wirklich nicht alle durchstöbern und habe nach anderen Wegen gesucht, mich diesem Phänomen zu nähern. Eindeutig ist nach einer zugegebener Massen groben Analyse aber Eines: Unternehmenserfolg ist überaus facettenreich. Und es gibt kein Patentrezept und keine allgemein gültige Definition für langfristigen unternehmerischen Erfolg. Das hat mich ermutigt, dazu eigene Gedanken anzustellen.

Wenn es schon kein Patentrezept gibt so braucht es doch klare Kriterien, wann ein Unternehmen erfolgreich ist. Vor den Krisen der letzten Jahre wurde immer wieder behauptet, dass sich erfolgreiche Unternehmen am Umfeld und insbesondere an ihren Kunden und wichtigen Zielgruppen orientieren, sich insbesondere auf die eigenen Stärken konzentrieren, dass sie ganzheitlich und vernetzt denken und handeln und dass sie einzigartig, innovativ und schnell sind. Zu diesen Behauptungen gab es dann – wen wundert es - ein umfangreiches und meist teures Angebot an Weiterbildung, Trainings und Beratungsleistungen.

Die Krisen der letzten Jahre haben das zu Teilen ab absurdum geführt: erfolgreich waren in dieser Zeit vor allem Unternehmen, die Leidenschaft entwickeln konnten, die in der Lage waren Ballast abzuwerfen und die es geschafft haben ihre Stärken und die ihrer Mitarbeitenden in einer Metamorphose kraftvoll zu nutzen.

Erfolg muss also über einen längeren Zeitraum betrachtet werden. Die letzten 40 Jahre sind gekennzeichnet durch ein scheinbar stetiges Wachstum der Bruttoinlands-produkte mit gleichzeitig niedriger Inflation und steigender Preise für Vermögenswerte. Mit einer kleinen Delle dieser Entwicklung in der Zeit der Finanzkrise nach 2008. Erfolgreiche Unternehmen müssen also länger als in diesem Zeitraum Erfolg gehabt haben, wenn man nachhaltige Erfolge, Erfolge in guten und in schlechten Zeiten, als Massstab heranziehen will.

Dies ist besonders wichtig, weil wir uns aus drei Gründen wieder auf eine grössere Unsicherheit und Unberechenbarkeit einstellen müssen.

Erstens, weil die Fehler in der Führung von Unternehmen genau so wie in der Führung von Ökonomien oder Staaten nicht mehr einfach durch schnelle und leichte Kredite aufgefüllt werden können. Unternehmen und ganze Volkswirtschaften erleben dies gerade teilweise dramatisch, gerade im Süden Europas.

Zweitens, weil die genannte Stabilität nicht nur mit dem grossen Können von Zentralbanken und Unternehmen zu tun hatte sondern vor allem auch mit sehr viel Glück.

Und drittens, weil sich die globale wirtschaftliche Entwicklung deutlich verändert. Ab jetzt sind die globalen Wachstumstreiber nicht mehr die industrialisierten Länder sondern vor allem auch Indien und China, die auch die wirtschaftlichen und politischen Spielregeln der nächsten Jahre deutlich verändern werden.

Ausserdem ist es wichtig, weil traditionelle Sichtweisen, Annahmen und probat gewordene Patentrezepte nicht mehr oder nicht mehr so stimmen.

Bisher haben wir geglaubt, dass, wenn wir alles nur gründlich genug analysieren, wir immer zu guten Vorhersagen der zukünftigen Entwicklung kommen. Das haben uns auch die Wirtschaftsweisen aller Herren Länder immer wieder gesagt, so lange, bis wir es auch geglaubt und unser Handeln daran ausgerichtet haben. Gerade deshalb haben uns nicht vorhergesagte Ereignisse, und ich nennen da nur Spekulationsblasen, Veränderungen in den Rohstoffpreisen, Entwicklungen in der internationalen Energiepolitik oder die Entwicklungen in Nordafrika ziemlich kalt erwischt.

Daneben haben uns Strategieforscher und Strategieberater vermittelt, dass eine gute Strategie vorgibt, wie sich Unternehmen an neue Entwicklungen anpassen. Dies steht in einem merkwürdigen Gegensatz zu solchen Unternehmen, die gerade in und nach

Krisen höchst erfolgreich ihre eigenen und auch andere Industrien verändert haben. Es geht also nicht mehr nur um Anpassen sondern auch um Neugestalten und um grundsätzliches Verändern.

Schliesslich wurden wir noch mit dem Glaubenssatz gross, dass eine gute Strategie langfristig gültig sein und dauerhafte Orientierung liefern muss, sozusagen wie in Stein gemeisselt. Wir sehen heute eine Unberechenbarkeit der Märkte, Hyperwettbewerb. Die Normalität der kommenden Jahre sind nicht mehr langzeitstabile und robuste Wettbewerbsvorteile sondern nur noch Wettbewerbsvorteile auf Zeit, weil die Geschwindigkeit der Wettbewerber und neue Entwicklungen Vorteile schneller wieder zunichte machen als jemals vorher. Strategien müssen also zwar nach wie vor eine gute Orientierung geben, aber wir müssen uns vom Postulat der langfristigen Gültigkeit in den Bereichen verabschieden die uns im Handeln einengen und die uns inflexibel machen.

Dem stehen eine Fülle neuer Chancen gegenüber, neue Spielfelder mit hochattraktiven Möglichkeiten entstehen. Diese neuen Spielfelder entstehen immer dann, wenn wir in bestehenden Geschäften dramatisch Flexibilität schaffen, um für aggressive Verhaltensweisen der Wettbewerber gerüstet zu sein. Oder indem wir auf der Basis unserer Fähigkeiten und Stärken völlig neue oder neuartige Geschäfte erfinden.

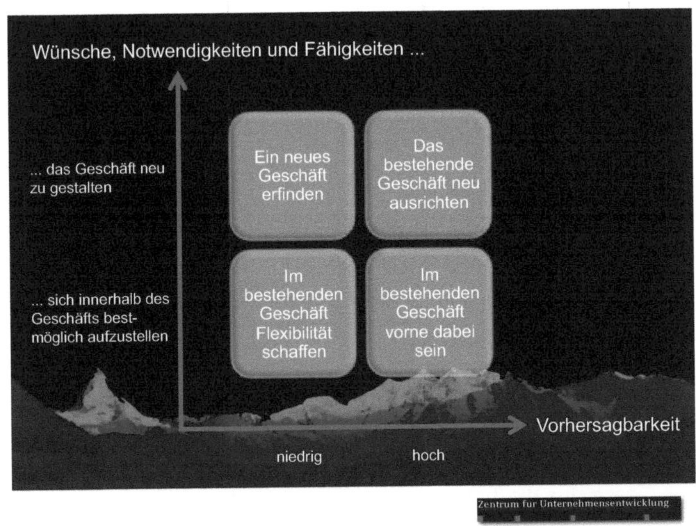

Abb. Strategieoptionen

Was bedeutet das für die Suche nach erfolgreichen Unternehmen? Erfolg muss in jedem Fall an harten, nachvollziehbaren Kriterien und nicht an Versprechungen, Marketing-Aussagen oder Glaubenssätzen festgemacht werden. Ich habe dann vier Kriterien gefunden, vier Kriterien, von denen ich sicher bin, dass sie diese Unternehmen gut charakterisieren:

Das erste Kriterium ist für mich die Langfristigkeit des Erfolges. Da es kaum quantitative Daten dazu gibt, haben wir nur Unternehmen ausgewählt, die mehr als 40 Jahre alt sind und damit ganz unterschiedliche wirtschaftliche Phasen durchlebt und überlebt haben. 40 Jahre überlebt zu haben mag manchen als Kriterium für Erfolg viel zu banal sein. Wenn man nachschaut, wie viele Unternehmen diesen Zeitraum nicht überlebt haben oder in anderen Unternehmen aufgegangen sind, ist das vielleicht nicht mehr so banal... Übrigens: eine Studie von AT Kearney zeigt, dass erfolgreiche Unternehmen im Durchschnitt zwischen 10 und 25 Prozent gewachsen sind. Der grösste Teil der Unternehmen, die wir in unserer Studie ausgewählt haben, liegt in dieser Bandbreite.

Zweites Kriterium ist für mich, dass diese Unternehmen zumindest in den letzten 10 Jahren zu den fünf führenden Unternehmen ihrer Branche oder ihres Segments gehören, dass ihr Erfolg sich nicht nur im Überleben zeigt sondern auch in der Akzeptanz und im Kaufverhalten ihrer Kunden.

Das dritte Kriterium ist der Erhalt der Eigenständigkeit und Unabhängigkeit. Damit will ich ausschliessen, dass die Ergebnisse durch Unternehmen, die plötzlich durch die Aufgabe der Eigenständigkeit völlig andere Wettbewerbsbedingungen und Möglichkeiten haben, verzerrt werden.

Lassen Sie mich zusammenfassen: erfolgreiche Unternehmen im Kontext dieser Untersuchung sind damit in ihrem Bereich führende Unternehmen mit einer mehr als 40-jährigen Geschichte die ihre Eigenständigkeit gewahrt haben.

Erfolgreiche Unternehmensführer

Vielleicht haben Sie sich schon eine ganze Weile gefragt, warum ich mich denn so viel mit erfolgreichen Unternehmen beschäftige. Es geht doch um Führung und die hat doch weniger mit Unternehmen zu tun als mit Menschen, die diese Unternehmen leiten und steuern. Richtig. Auch erfolgreiche Unternehmen werden von Menschen geführt. Aber wenn es stimmt, dass der Erfolg der Massstab ist für die Qualität der Führung, dann sind die Führer erfolgreicher Unternehmen erfolgreiche Unternehmensführer. Unter ein paar wenigen Voraussetzungen.

Wir haben schon bei erfolgreichen Unternehmen gesehen, dass eine langzyklische Betrachtung wichtig ist, um das richtige Bild zu bekommen. Ganz ähnlich ist es mit erfolgreichen Unternehmensführern.

Wenn man dann nach Namen fragt, so werden immer wieder Persönlichkeiten wie beispielsweise Jakob Fugger, Henry Ford, Johann Jakob Sulzer, August Oetker, Berthold Beitz, Marcus Bierich, Frank Stronach, Steve Jobs oder Reinhold Würth genannt. Sie haben grosse und erfolgreiche Unternehmen gegründet, geleitet oder eben auch ‚nur' geleitet wie Berthold Beitz als Generalbevollmächtigter den Krupp-Konzern oder Marcus Bierich als Vorsitzender der Geschäftsführung die Bosch-Gruppe. Aber immer standen diese Persönlichkeiten lange an der Spitze der Unternehmen und haben sie entscheidend geprägt und gestaltet.

Für meine Untersuchung war ich erheblich bescheidener: damit ich eine genügend grosse Anzahl erfolgreicher Unternehmensführer überhaupt analysieren konnte habe ich mich für solche entschieden, die in einer leitenden Funktion über mindestens sieben Jahre erfolgreiche Unternehmen geprägt oder mit geprägt haben. Sieben Jahre erscheinen mir für lang genug, dass diese Persönlichkeiten selbst zu diesem Erfolg beigetragen und ihn nicht nur von ihren Vorgängern geerbt haben. Oder nicht erfolgreich sein konnten, weil sie erhebliche Lasten ihrer Vorgänger erst einmal beseitigen mussten.

Daneben stellte sich die Frage, in welcher Position diese Führungskräfte sein mussten. Für mich war schnell klar, dass sie in einer Position sein mussten, in der sie die Unternehmen in erheblichem Umfang prägen oder mit prägen konnten. Ich habe mich daher für Persönlichkeiten der ersten und zweiten Führungsebene entschieden. Verblüffender Weise passt dies auch wieder gut zusammen mit weiteren Erkenntnissen von Towers Perrin und Gallup: entscheidend für das Engagement der Mitarbeitenden und damit auch für den Unternehmenserfolg sind in noch etwas stärkerem Masse die Unternehmensleitungen als der direkte Vorgesetzte.

Lassen Sie mich zusammenfassen: erfolgreiche Unternehmensführer sind solche Führungskräfte die in erfolgreichen Unternehmen in der ersten oder zweiten Führungsebene über mindestens sieben Jahre tätig waren.

Ich habe über viele Jahre nach einem Instrument gesucht, das die für die Arbeitswelt relevanten Stärken von Menschen zum einen zuverlässig erkennen und zum anderen auch messen kann. Schmidt & Hunter haben an derartige Instrumente die Anforderungen gestellt, dass sie in der Lage sein müssen zu prognostizieren ob eine Person eine Aufgabe bewältigen kann, ob sie die Aufgabe bewältigen will und welche persönlichen Verhaltensstärken sie dazu befähigen.

Ende der neunziger Jahre habe ich Profiles International kennen gelernt. Das Unternehmen war gerade an der Entwicklung von ProfileXT, einem Instrument, dass genau die Forderungen von Schmidt & Hunter erfüllen sollte, das ausschliesslich für den Einsatz im Berufsleben entwickelt wurde und nicht aus der klinischen Psychologie stammte. Es sollte in der Lage sein zum einen kognitive Fähigkeiten zu erkennen, jene Fähigkeiten, die Antwort darauf geben, ob jemand eine Aufgabe machen kann. Zum anderen sollte es die beruflichen Interessen erkennen, jene Interessen, die Antwort auf die Frage geben, ob jemand eine Aufgabe machen will. Und zum dritten sollte es die relevanten Verhaltensmerkmale erkennen, die Antwort auf die Frage geben, wie, mit welchen Stärken jemand eine Aufgabe erledigen wird.

Das folgende Schaubild zeigt die wesentlichen Elemente.

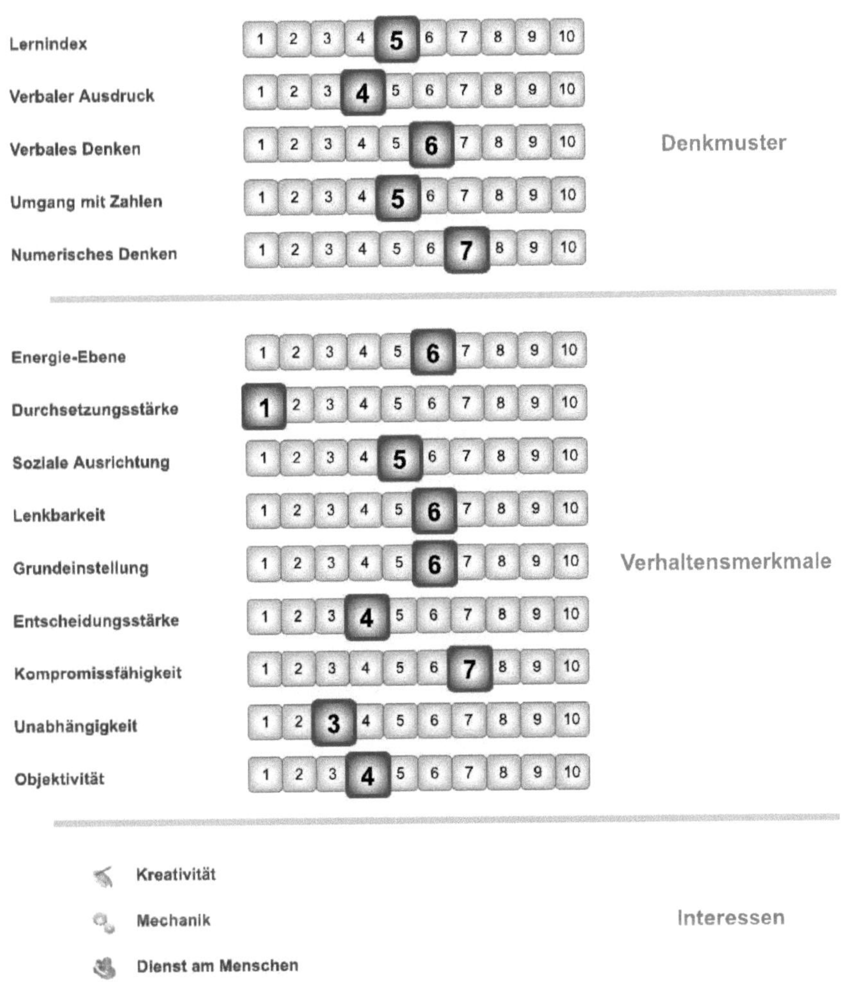

Abb.: ProfileXT

Am besten lernt man ein Instrument nach meiner Meinung kennen wenn man es selbst einmal ausprobiert. Ich habe das gemacht und war überrascht, wie genau und präzise es mich beschrieben hat. Das hat mich ermutigt das Instrument nach seiner Validierung für den deutschsprachigen Raum in unserer Beratungsarbeit einzusetzen. Wobei die Validierung mit Menschen aus der Arbeitswelt erfolgte und nicht wie sonst oft üblich mit Studenten.

Das Instrument war auch in der Lage, genau zu messen, an welcher Stelle einer Skala von 1 bis 10 sich eine Person hinsichtlich der einzelnen Merkmale befindet, weil das Tool an der arbeitenden Bevölkerung normiert ist. Hinter der Skala von 1 bis 10 liegt eine Normalverteilung, die besagt, dass Menschen in 1 oder 10 zu jeweils 2,5 Prozent der arbeitenden Bevölkerung gehören, in 3 zu 9 Prozent, in 7 zu 15 Prozent und so weiter. Das nachfolgende Schaubild zeigt die Verteilung.

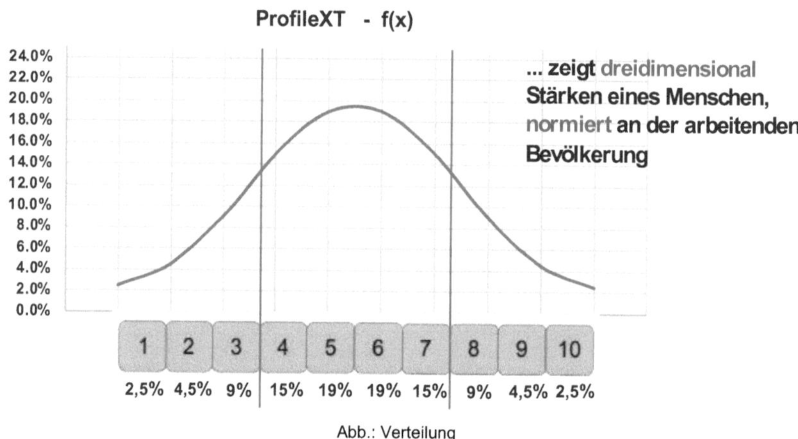

Abb.: Verteilung

Heute bin ich Präsident des Verwaltungsrates der Profiles International AG für den deutschsprachigen Raum. Ich fühle mich aber nicht deshalb verpflichtet hier die Werbetrommel zu rühren. Ich habe dieses herausfordernde Angebot angenommen, weil ich von der Leidenschaft für die Qualität, der Integrität der handelnden Personen und der Fähigkeit zur permanenten Weiterentwicklung und Verbesserung absolut überzeugt bin. Überzeugt aus der Erfahrung einer jahrelangen intensiven Zusammenarbeit und der Anwendung des Instrumentes in unserem Beratungsalltag.

Während viele Unternehmen in 2008 Büros geschlossen und Leute entlassen haben sind Jim Sirbasku und Bud Haney einen anderen Weg gegangen. Sie haben neue Büros eröffnet, die Instrumente in weiteren Sprachen auf den Markt gebracht und in erheblichem Umfang in die Forschung investiert. Wie die meisten Menschen hatten wir alle in dieser Zeit durchaus Ängste und Befürchtungen was denn die Zukunft so bringen würde und waren ziemlich risikoavers. Wir waren zwar überzeugt dass Profiles

International grossartige Ideen und Konzepte hat - aber dafür in diesen Zeiten investieren? Sollten wir nicht lieber abwarten, bis sich die Sturmwolken verzogen und wir wieder in ruhigerem Fahrwasser sein würden? Aus diesen Tagen stammt der Satz von Jim Sirbasku: ‚lets get our missiles in the air – we aim them later'. Dadurch ist Profiles International als eines der weltweit führenden Unternehmen in seinem Bereich aus der Krise gekommen.

Diese Erfahrungen haben mich bewogen ProfileXT dafür einzusetzen, erfolgreiche Führungskräfte hinsichtlich ihrer Denkmuster, das heisst ihrer kognitiven Fähigkeiten, ihrer beruflichen Interessen und ihrer Verhaltensmerkmale zu messen und zu schauen, ob und wo sich hier Gemeinsamkeiten oder Unterschiede zeigen.

Wenn man eine Gruppe untersucht ergibt sich statt einem Wert wie bei einer Einzelperson eine Bandbreite von Werten. Was sagen diese Werte nun über die erfolgreichen Unternehmensführer aus? Wie kann man sie beschreiben?

Erfolgreiche Unternehmensführer lernen gerne und schnell, können ohne Probleme komplexe Informationen verarbeiten, sind in der Lage, schwierige Sachverhalte zu verstehen und diese anderen wirkungsvoll zu vermitteln. Sie sind sicher im Umgang mit Zahlenmaterial und können basierend darauf fundierte Entscheidungen treffen.

Sie arbeiten auch unter Zeitdruck hoch motiviert und sind auch zu persönlichen Opfern bereit um den Erfolg sicher zu stellen. Sie fühlen sich wohl mit der Verantwortung den Kurs zu bestimmen und sind dabei auch dominant und einfordernd. Sie arbeiten am liebsten ohne Kontrolle schätzen aber auch klare Richtlinien und eine gute Orientierung. Von ihrer Grundeinstellung sind sie eher vorsichtig. Sie sind auch unter Zeitdruck entscheidungsstark und handeln meist dann erfolgreich, wenn ihnen für die Entscheidung genug Zahlen, Daten und Fakten zur Verfügung stehen. Sie sind aber durchaus auch in der Lage, einmal eine schnelle Entscheidung aus dem Bauchgefühl heraus zu treffen. Kompromisse gehen sie dabei dann ein, wenn sie sich mit ihren Vorstellungen nicht durchsetzen können.

Sie sind hoch motiviert, sich im harten Wettbewerb mit kreativen Lösungen gegen Konkurrenten durchzusetzen. Sie interessieren sich für die Bedürfnisse und Wünsche ihrer Kunden und unterstützen diese gerne ihre Ziele zu erreichen.

Die nachfolgende grafische Darstellung verdeutlicht dies.

Denkmuster	
Lernindex	6 7 8 9 10
Verbaler Ausdruck	7 8 9 10
Verbales Denken	6 7 8 9 10
Umgang mit Zahlen	7 8 9 10
Numerisches Denken	6 7 8 9 10

Verhaltensmerkmale	
Energie-Ebene	6 7 8 9
Durchsetzungsstärke	4 5 6 7 8
Soziale Ausrichtung	3 4 5 6 7
Lenkbarkeit	2 3 4 5 6
Grundeinstellung	3 4 5 6 7
Entscheidungsstärke	5 6 7 8
Kompromissfähigkeit	2 3 4 5
Unabhängigkeit	5 6 7 8 9
Objektivität	3 4 5 6

Interessen

- Unternehergeist
- Mechanik
- Kreativität

Abb.: Erfolgreiche Unternehmensführer

Was sagen diese Ergebnisse nun aus? Gibt es so etwas wie eine ‚DNA' von erfolgreichen Führungspersönlichkeiten oder nicht? Dazu haben wir die Daten der erfolgreichen Unternehmensführer aggregiert. Dabei geht es nicht um gut oder schlecht. Es geht darum dass es so ist. Und wenn es so ist wie es ist dann können wir uns auch damit beschäftigen ob es gut ist so wie es ist oder nicht.

Meine Antwort als Ergebnis dieser Studie ist ja, es gibt diese Gemeinsamkeiten, wenn auch nicht überall, so doch in grossen Teilen der Merkmale.

Grundsätzlich ist für die folgenden Grafiken anzumerken dass die Übereinstimmung umso wichtiger ist je enger die Bandbreite einer Skala ist. Konkret heisst das, dass eine hohe Energieebene, Entscheidungs- und Durchsetzungsstärke sowie eine hohe Unabhängigkeit sowie eine tiefe Kompromissfähigkeit die Merkmale mit der höchsten Übereinstimmung sind. Es sind die Merkmale die unsere Studie damit als die wichtigsten herausgefunden hat.

Im Einzelnen ergibt sich folgendes Bild:

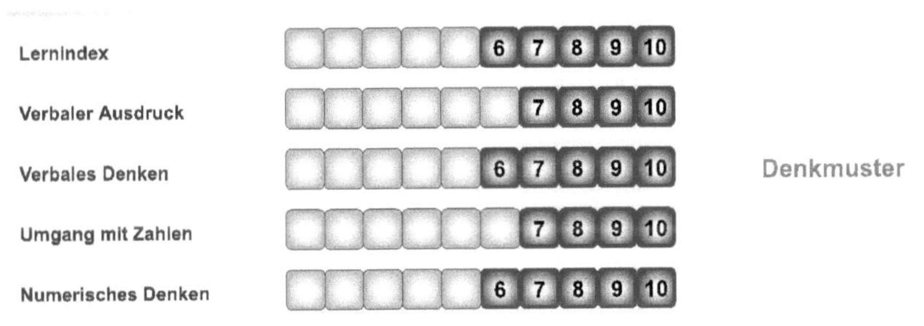

Abb.: Denkmuster

Wenn man die kognitiven Fähigkeiten betrachtet ist ganz eindeutig: Erfolgreiche Führungspersönlichkeiten lernen gerne und schnell, sie können problemlos auch schwierige Sachverhalte vermitteln und verstehen, sie sind sicher im Umgang mit Zahlen- und Datenmaterial, können diese Informationen gut für Entscheidungen nutzen und sind in der Lage, dies anderen auf anschauliche Art und Weise zu vermitteln.

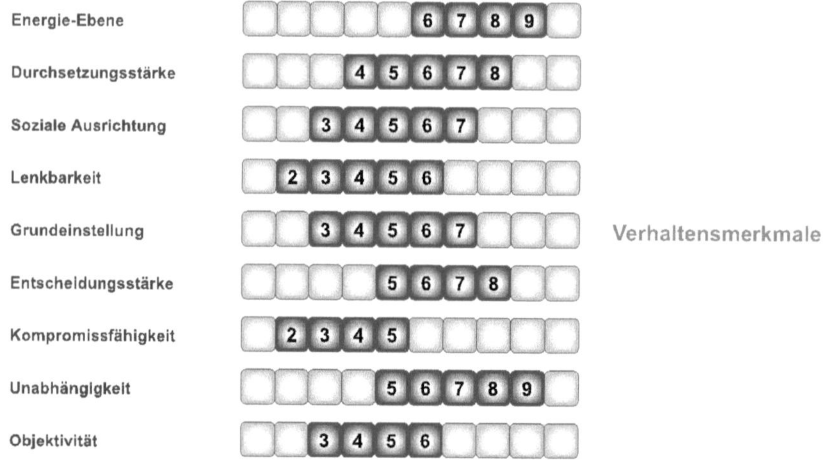

Abb.: Verhaltensmerkmale

Bei den Verhaltensstärken fällt auf, dass Führungspersönlichkeiten Menschen sind, die auch über lange Zeiträume hohen Anforderungen an Zeit- und Energieeinsatz entsprechen. Sie verlangen viel von sich selbst und von anderen, setzen aber dabei sich selbst und andere keinen absoluten Extrembelastungen aus.

Sie übernehmen selbstverständlich gerne Führung, lassen sich aber auch gerne in komplizierten Sachverhalten und Situationen beraten und schätzen diesen Rat.

Erstaunlich ist, dass sie eher zurückhaltend sind. Dabei sind sie aber trotzdem in der Lage, anderen ihre Ideen, Überzeugungen und Standpunkte wirkungsvoll zu vermitteln und mögen auch gerne die Zusammenarbeit und das Arbeiten an gemeinsamen Zielen mit anderen. Dabei suchen sie durchaus auch Nähe.

Sie haben eine starke Tendenz, die eigene Meinung – auch wenn sie von den Vorstellungen anderer abweicht – deutlich zu artikulieren und zu vertreten. Sie schätzen wenige und klare Richtlinien und Orientierungsrahmen.

Von ihrer Grundtendenz her sind sie eher vorsichtig.

Sie treffen ihre Entscheidungen zügig und zeitnah.

Sie können durchaus auch auf die Wünsche anderer eingehen, aber im klaren Bewusstsein dessen was sie erreichen wollen. Sie passen sich in der Regel nur wenig an Andere an wenn es für sie keine guten Gründe gibt, dies zu tun.

Sie sind unabhängig und fühlen sich damit wohl. Sie handeln selbstverantwortlich, haben aber auch keine grossen Schwierigkeiten damit notwendige Kontrollen und Aufsicht zu akzeptieren.

Sie handeln dann erfolgreich, wenn ihnen genügend Informationen, Daten und Fakten zur Verfügung stehen können aber bei wichtigen Entscheidungen durchaus auch einmal auf ihr Bauchgefühl vertrauen, gerade in Zeiten, in denen sich Erkenntnisse unglaublich schnell und ständig verändern.

Damit sind sie in der Lage, Unternehmen gerade auch in Krisenzeiten erfolgreich zu führen, glaubwürdig zu sein für ihre Mitarbeitenden, Kunden und Geschäftspartner und ihr Vertrauen zu gewinnen. Das Vertrauen, dass sie in der Lage sein werden, auch schwierige Situationen zu meistern.

Ein Fazit

Ich habe es am Anfang dieses Buches bereits gesagt: es gibt historische Momente, in denen die Zukunft ihre Richtung ändert. Eine solche Zeit ist jetzt. Die Welt wie wir sie kennen löst sich gerade auf. Gerade fügt sich eine neue Welt zusammen, deren Formung wir zumindest erahnen können. Nicht unbedingt mit unserem logischen Verstand, aber auf jeden Fall mit unserer Intuition. Und wir sind mit dabei und dürfen diese herausfordernde Zeit mit erleben und mit gestalten.

Dafür ist wichtig

- das bewusste Akzeptieren und Annehmen der Herausforderung (nicht der Krise)
- sich nicht zu verstecken und dafür zu sorgen, dass sich niemand verstecken kann
- sich ein kraftvolles Bild von dem zu machen, was jetzt notwendig und sehnlich erwünscht ist und der feste Glaube an das Erreichen
- die linke Hirnhälfte davon abzuhalten, logische Zweifel an diesem Bild anzumelden
- die Fähigkeiten des bewussten Verstandes und der Logik zu nutzen für eine konsequente, schnelle und kompromisslose Umsetzung
- Begeisterung und Schmerz bei Mitarbeitern, Kollegen, Geschäftspartnern und Kunden zu erzeugen, um die Veränderung zu ermöglichen
- das Verständnis, dass Menschen Menschen führen. Dass Menschen sich für Menschen engagieren oder Menschen verlassen. Sie engagieren sich nicht für Firmen und sie verlassen auch nicht Firmen. Dass Menschen das Wichtigste sind, um Krisen zu bewältigen. Dies dürfen wir nicht vergessen bei allem was wir tun oder lassen weil nur damit Vertrauen entsteht ...

... dann werden wir mit zu den „Unverwundbaren“ gehören, zu den besonderen Menschen, die in der Lage sind, alle Situationen anpacken und meistern. Die wissen, dass keine Krise ihnen wirklich etwas anhaben kann, weil sie diese einfach nicht mitmachen.

Die keine Angst vor der Zukunft haben und nicht gelähmt in Starre und Untätigkeit oder Hektik verfallen.

Die Bibel sagt es uns mehr als 200 Mal: ‚Fürchtet euch nicht'. Denn Gott hat uns nicht einen Geist der Furcht gegeben, sondern einen Geist der Kraft, der Liebe und der Besonnenheit. Und er ist grösser als alle Krisen. Allemal.

Printed by Books on Demand GmbH, Norderstedt / Germany